中国磁州窑

文化大系
历代精品典藏

铅釉陶器与早期青瓷
北朝 — 隋代卷

总 主 编：戴建兵　秦大树

本卷主编：张美芳　李　鑫

CHINESE CIZHOU KILN
CULTURE SYSTEM

THE EXQUISITE PORCELAIN COLLECTION

河北出版传媒集团

河北美术出版社

·石家庄·

图书在版编目（CIP）数据

历代精品典藏 . 铅釉陶器与早期青瓷 : 北朝 – 隋代卷 /
张美芳 , 李鑫主编 . -- 石家庄 : 河北美术出版社 , 2024.8
（中国磁州窑文化大系 / 戴建兵 , 秦大树主编）
ISBN 978-7-5718-2606-2

Ⅰ . ①历… Ⅱ . ①张… ②李… Ⅲ . ①民窑—瓷器 (考
古) —磁县—唐代—图录 Ⅳ . ① K876.32

中国国家版本馆 CIP 数据核字 (2024) 第 007286 号

中国磁州窑文化大系

历代精品典藏　铅釉陶器与早期青瓷：北朝 — 隋代卷

ZHONGGUO CIZHOUYAO WENHUA DAXI
LIDAI JINGPIN DIANCANG QIANYOU TAOQI YU ZAOQI QINGCI BEICHAO - SUIDAIJUAN

总 策 划：丁　伟

出 品 人：田　忠

执行项目人：田　忠　杨　硕

责任编辑：杨　硕　张　侃

责任校对：李　宏　张青艳　李菁华

藏品摄影：张　涛

藏品摄像：河北文旅建筑规划设计有限公司　王　阳　商　尚

视频剪辑：李　林

版式设计：翰墨文化　张　涛　刘　同

封面设计：田之友　左铁铮

出　　版：河北出版传媒集团　河北美术出版社

发　　行：河北美术出版社

地　　址：石家庄市和平西路新文里 8 号

电　　话：0311-85915039

网　　址：www.hebms.com

制版印刷：北京雅昌艺术印刷有限公司

开　　本：889mm×1194mm　1/16

印　　张：23

版　　次：2024 年 8 月第 1 版

印　　次：2024 年 8 月第 1 次印刷

定　　价：385.00 元

磁州窑

民国七年（1918），河北大旱，顺德府巨鹿县（今河北巨鹿）水源枯竭，天干地裂。人们求雨无果，只有掘地打井自救。水还没挖出来，一些古物却纷纷出现，由此一座埋藏于地下810年的宋代古城就这样被世人发现了。据《宋史》记载："（大观）二年秋，黄河决，陷没邢州巨鹿县。"①这就是因黄河水患陷没的巨鹿城。在这里，发生过著名的巨鹿之战以及西汉王莽与刘秀之争、东汉黄巾起义等，而行用天下的磁州窑瓷器犹如巨鹿城的精魄，从此辉煌地再回人世间。

第一批获利者是各色的寻宝人，他们疯狂挖掘、收购古物，运到京城等地再销往欧美，获取巨额利润。

民国九年（1920），天津博物院对巨鹿宋城遗址及文物进行了详细调查，1923年刊载于《巨鹿宋器丛录》，首次在文字上披露了磁州窑瓷器。民国十年（1921）7月，北京国立历史博物馆对巨鹿故城进行发掘，这是早于1921年年底瑞典人安特生发掘仰韶遗址的中国人的第一次科学考古，报告记录了土层变化和文物位置，一改寻"宝"思维。发掘所获得的磁州窑瓷器等文物受到丁文江、谢扶雅、黄宗昌和东亚考古学会总干事岛村孝三郎等专家学者的高度重视。

国弱无外交，更无文物保护。民国二十二年（1933），瑞典人司瓦洛（R.W.Swallow）盗掘修武当阳峪窑。第二年，英国人卡尔贝克（Ovrar Kairbeck）再次对当阳峪窑盗挖。英国人麦德丽（M.Medley），

日本人小森忍、奥田诚一、小山富士夫等人都在相关磁州窑系窑址进行类似活动。

民国二十三年（1934）叶麟趾编著的《古今中外陶磁汇编》一书，是中国学者结合文献对窑址进行实地调查和研究的首次尝试。在书中，他明确指出河北省磁县彭城镇就是古代磁州窑窑址。

1950年起，故宫博物院组织力量对文献记载的一些窑址进行调查，发现多达29处不为文献记载的新窑址。1958年，河北省文物工作队对窑址进行了小规模发掘。此后，考古工作者开始在全国范围内对广义磁州窑系窑址进行考古发掘和调查，丰富了对磁州窑系的认知。

磁州窑从开始发现就成了国际学界的关注点。除上述盗挖者司瓦洛、卡尔贝克、麦德丽、小森忍、奥田诚一、小山富士夫等人外，尤莫伐播靳斯、魏利阿姆斯夫人、上田恭辅、中尾万三、长谷部乐尔、蓑丰等，对磁州窑都有比较深入的研究，出版有多部论著。1981年，日美英加四国在美国印第安纳州举行"磁州窑国际讨论会"，并将四国收藏的磁州窑精品在美国各地举办专题性巡回展，同时出版《磁州窑图录》和《国际磁州窑讨论会论文集》，在国际上掀起了磁州窑研究的高潮。1985年，邯郸市陶瓷公司牵头成立"磁州窑研究会"，多次举行学术讨论会，取得丰硕研究成果。至此，"磁州窑"在学界得到国内外学者的普遍认识，重新屹立于世人面前。一种在文献典

---

① 脱脱等：《宋史》卷六十一，北京：中华书局，1977，第1328页。

籍中几近消失的器物灵妙再现。

人民的磁州窑

2023 年 10 月 11 日上午，习近平总书记来到景德镇市考察调研。他先后走进南麓遗址、陶瓷博物馆、明清窑作群，饶有兴趣地了解制瓷技艺流程、陶瓷文化传承创新和对外交流等情况，同非遗传承人亲切交流。习近平指出，中华优秀传统文化自古至今从未断流，陶瓷是中华瑰宝，是中华文明的重要名片。要求进一步把陶瓷产业做大做强，把"千年瓷都"这张亮丽的名片擦得更亮。

磁州窑是中国历代陶瓷烧造场所中最平民化的窑场，扎根民间，以服务百姓为主要市场方向。它把中华民族一切美好的意象、文字创造性地融入瓷器的设计、制造、装饰中，是中国人民生活中不可或缺的有机组成部分，以深入中国人心且朴素的美装扮着人民群众的美好生活，是展现中华民族优秀文化的器物精华。

瓷器体现在生活器用上，以将诸如青铜器、金银器、石器、木器仿制为陶器器皿为主。磁州窑一方面在材质上将其平民化，另一方面在器皿使用上通过陶瓷使百姓生活与贵族生活平等起来。这不仅是社会生产力发展的体现，更是精美瓷器如邢窑、定窑、越窑、建窑等"贡御"器皿烧制工艺的民间基础。没有磁州窑，中国的陶瓷不会如此光彩夺目。

磁州窑所在的太行山下黄河流域中原地区是中华民族最重要的发祥地之一，中华民族在此生生不息。瓷器作为中华民族重要的生活用品，与民族相伴，是中华民族重要的文化载体，反映着中华民族的精神生活和审美意趣。磁州窑因其人民性而尤其显现着这种品质。

古代的民窑一方面处于卑微的地位，面临着生存的压力，而另一方面却有着不受宫廷、官府、技法束缚的自由。在生存和自由、学习和创新、需求与供给等关系的平衡中，磁州窑成为广学天下名窑又时时创新天下的典范。

磁州窑的产品主要是百姓生活用品，包括瓶、盆、钵、罐、坛、碗、盘、枕、盒、鼎、壶、樽、缸、炉、枕、水注、香炉、唾盂、盏托、灯盏、香炉、俑人、烛台、油灯、油壶、梅瓶、掸（插）瓶、壁挂和各种儿童玩具、神佛像等，以及建筑用琉璃瓦、脊兽、三彩釉砖等，品种多达两千多种，其中大量酒坛及酒器体现了民间浓郁的生活气息。正因为是民间生活必需品，因而有巨大的市场需求，所以磁州窑瓷器传播十分广泛。

民国年间，磁州窑瓷货销路遍及河北省全域，河南省北部、中部，山东省西部，山西省东南部，并辐射全国。1945 年，彭城解放。1946 年，晋冀鲁豫边区政府组织千余窑业工人成立彭城瓷厂，重新恢复陶瓷生产。到 1947 年时，彭城已有缸窑、碗窑、碎货窑、砂锅窑等。档案记载，当时的彭城、上拔剑、下拔剑、义井、王家庄、豆腐沟、马家庄、杨台等 8 个村，有瓷窑 157 座，工人 1044 人。1948 年发展到瓷窑 202 座，工人 2632 人，一年产瓷货（包括缸、碗等各种瓷器）3000 多万件，价值 31 亿（旧币）多元。据《磁县瓷州四九年生产计划》："瓷业更是太行一种集中性工业生产。不但解决了本县大部分群众生活，而且供给了华北各地群众家庭用具，建设了社会。""瓷器产不应求，响应毛主席所说的'军队向前进，生产长一寸'之精神，解决群众家庭用具，解决生产障碍，大量发展。"随着解放区的扩大，缸、碗供不应求，瓷器销往山西、东北、平津、山东、甘肃和我国香港等处。

历史的磁州窑

磁州窑是中国烧造历史悠久的古窑之一，真真正正的千年窑火不断。

太行山下的河北自古得太行山的养育，太行山庇护下的人们拥有生产陶瓷所需要的一切。

如果你只关注文献记载中的磁州窑，那么对于全面了解磁州窑而言显然是不够的。

除越窑、邢窑、汝窑、钧窑、定窑、官窑、哥窑、龙泉窑、建窑等外，历史上著名的生产白地黑花瓷器的磁州窑，文献中几无记载。横行天下、豪放粗犷的元代磁州窑，在文献中更无片纸书写。

历史上有关磁州窑和磁州窑瓷器的文献记载，集中出现在明清。明初曹明仲的《格古要论》、王佐的《新增格古要论》、谢肇淛的《五杂俎》，清初的《磁州志》《明会典》、朱琰的《陶说》、兰浦的《景德镇陶录》和许之衡的《饮流斋说瓷》等书中的相关记载，均是只言片语。

曹明仲的《格古要论》成书于明洪武二十一年（1388），卷七"古磁器"条说"好者与定相类但无泪痕，亦有划花绣花，素者价低于定器，新者不足论"。明天顺二年（1458），王佐对《格古要论》加以增订："古磁器出河南彰德府磁州，好者与定器相似但无泪痕，亦有划花绣花，素者价高于定器，新者不足论也。"明嘉靖万历时期的汤显祖，在他的戏曲《邯郸记》中提到过磁州烧制的瓷枕，第四出《入梦》："这枕呵，不是藤穿刺绣锦编牙，好则是玉切香雕体势佳。呀，原来是磁州烧出的莹无瑕，却怎生两头漏出通明罅，莫不是睡起瞢瞪眼挫花？"

谢肇淛（1567—1624）在《五杂俎》卷十二·物部四中写道："今俗语窑器谓之磁器者，盖河南磁州窑最多，故相沿名之。"这是最早出现的"磁州窑"三字。申时行等修编的万历本《大明会典》卷一百九十四·工部十四《陶器》中记载："宣德间题准，光禄寺每年缸、坛、瓶，共该五万一千八百五十只个。分派河南布政司钧、磁二州，酒缸二百三十三只，十瓶坛八千五百二十六个，七瓶坛一万一千六百个，五瓶坛一万一千六百六十个，酒瓶二千六十六个。"这是磁州窑"贡御"的记录。

清嘉庆二十年（1815）的《景德镇陶录》卷七《古窑考》提到，磁州"昔属河南彰德府，今属北直隶广平府，称磁器者盖此，又本磁石制泥为坯，陶成所以

名也。器之佳者与定相似，但无泪痕，亦有划花绣花，其素者价高于定，在宋代因著，今人讹以陶窑器品呼为磁器，不知另有是种窑"。这里"磁石制泥为坯"是主观臆断。

20世纪20年代，北京大学许之衡教授的《饮流斋说瓷》评论磁州窑瓷器为"贴残之膏药"："磁窑，出磁州（昔属河南，今属直隶），宋时所建。磁石，引针之磁石即产是州，取石炼陶，磁釉之名乃专指此。今人辄误以磁与瓷混用矣。器有白釉，有黑釉，有白釉黑花不等，大率仿定居多，但无泪痕，亦有划花、凸花者。白釉者俨同牛乳色，黑釉中多有铁锈花、黑花之色，与贴残之膏药无异。"

关于磁州窑的文字记载少，金石记载也只有两方碑刻。

1992年，滏阳河源头黑龙洞村旁出上了明万历三十四年（1606）所立的《明故典史官龙潭李公墓志铭》。铭文载："龙潭李公，……家世籍磁，居彭城，考本素行纯笃。……公生于嘉靖丙戌正月初一日，享寿八十有一，于万历丙午年八月十四日以疾告终于正寝。……置陶冶五十余处，庄房八百余间，田园千有余亩。"

万历十五年（1587）秋，彰德府推官张应登，在峰峰鼓山北响堂寺石窟区内立《游滏水鼓山记》碑刻。其中有一段关于彭城陶瓷生产状况的描述："彭城陶冶之利甲天下，由滏可达于京师。而居人万家，皆败瓮为墙壁，异哉！晨起，视陶陶之家，各为一厂，精粗大小，不同锻冶。入室，睹为缸者用双轮，一轮坐泥其上，一轮别一人牵转，以便彼轮之作者，作者圆融快便入化矣。为碗者止一轮，自拨转之，而作亦如是。口之似此作者曰千人而多，似此厂者曰千所而少。岁输御用者若干器，不其甲天下哉！"这是对明代彭城磁州窑最详细的记载。

中国北方百姓的生活离不开磁州窑，世界贸易离不开磁州窑，考古发掘更是一刻不停地证明着磁州窑。

距今1万年以前中国陶器出现，太行山下的河北，

是目前世界上最早的陶器发祥地之一。

距今 1 万年前的保定徐水南庄头遗址，就出土了十余片陶片。距今 8000 至 7500 年的河北邯郸峰峰矿区的磁山新石器遗址，出土了大量的夹砂褐陶和红陶器。易县中易水北岸的北福地距今 8000 至 6500 年左右的新石器遗址，也出土了刻陶面具及泥质灰陶和红陶器。井陉盆地也出土了距今 6000 至 5000 年的古陶。距今 3600 至 3400 年间的井陉欢喜岭商代遗址中发现了白陶。

河南裴李岗文化和河北磁山文化是新石器时代影响最广的仰韶文化的祖先。1972 年在邯郸发现的磁山文化遗址，与磁州窑主要窑址相距仅 20 公里，位于河北邯郸武安市西南 20 公里磁山村东南部，与峰峰矿区交界，出土陶器、石器、骨器、蚌器、动物骨骸、植物标本等约 6000 余种，被确认为是东方文明发祥地之一，是世界上粟、家鸡和中原核桃最早发现地，更是四大发明之一——指南针的发源地。根据出土文物分析，磁山文化距今 8000 年左右，早于仰韶文化约 1000 年。

磁山先民制作了大量的陶器，主要器型有陶盂和陶支架，制作工艺基本为泥条盘筑和捏塑法成型，大部分为夹砂红褐陶，少部分为泥质红陶，以素面为主，小部分装饰有刻划水波等纹饰。后来的磁州窑瓷器制作工艺也多用泥条盘筑和捏塑法成型。作为东方文明的发祥地之一，磁山地区先民创造的技术与文化被后世所传承，其创造的装饰技法，如篦纹、附加堆纹、剔划纹等，在仰韶陶器、殷商陶器、磁州窑瓷器中都有体现。汉时磁县一带已经掌握了低温釉陶的烧制方法，陶器就已存在涂白色陶衣的现象，为后续白瓷及上白化妆土技术的发展奠定了基础。

1974 年，磁县下七垣村南发现殷商陶窑和大量印纹硬陶器，在峰峰矿区彭城镇富田豆腐沟义井等地发现商代硬质灰陶鼎。历年考古发掘在邯郸发现的春

秋战国时期、秦汉时期、魏晋南北朝时期陶器，均有鲜明的磁山文化风格遗留。文献记载，战国时"赵国邯郸制陶，其品制冠绝当时"[1]。这些考古发现可以说明，从磁山文化诞生起到殷商西周战国长达五六千年的历史长河中，磁县陶器在品种、工艺、造型、装饰特征等方面，均显示出磁山地区陶器的持续性。说明磁州窑的形成是有历史渊源和坚实的社会、文化、技术基础的。

磁县贾壁村窑可溯源到北朝晚期，邯郸峰峰矿区临水窑部分属于北齐。北朝时期该地区制陶工艺完成了由"陶"到"瓷"的升华，制坯材料由陶器用泥转换成瓷土，开始施用白色化妆土，再以一层透明釉烧制成白瓷。北朝北齐高润墓就曾出土过一件碗胎上有白色化妆土而外表未施釉的器物。这种白瓷与由青瓷转化而成的白瓷有着本质不同。

从东魏、北齐到隋，短短几十年间，本地区经历了灰陶、釉陶到青瓷的演变，除了白化妆土瓷器外，同时烧造黑瓷、青瓷。唐末五代又从青瓷完成了向白瓷的转化。

据文物部门调查，磁县境内现有北朝古墓葬 134 座，在北齐外兵参军元始宗墓、元良墓中都发现了青瓷器陪葬品。元良墓更是出土了青瓷大盘、碗、高足盘、罐、虎子等 8 件青瓷器。北贾壁村的北齐时期（550—577）贾壁窑就是北朝青瓷窑。北朝墓葬中的青瓷器主要为磁县当地生产，有学者认为磁州窑前身的临水窑是北朝时期邺城青釉瓷的产地。

两晋南北朝时期，彭城、临水地处京师邺城（位于今河北临漳）西郊，烧制青瓷和化妆白瓷。临水窑窑址出土了百余件青瓷碗，这些器物有一半以上在口部施用白化妆土，再罩以青黄色透明釉，这是磁州窑釉陶向化妆白瓷过渡的初级阶段。1975 年临水发现的唐代古窑址及化妆白瓷器残片，说明磁州窑化妆白瓷的烧制已经步入成熟时期，由支烧改为笼钵（匣钵）

①叶麟趾：《古今中外陶磁汇编》，北京：文奎堂书店，1934，第 3 页。

装烧。

宋代，书本中没有记载的磁州窑却是鲜活历史中北方民间瓷器的典范，以其实用的造型和美观的装饰，点缀着宋人的生活，活跃着宋代的经济。

宋金时期磁州窑的中心窑场观台窑，所用原料大青土品质不高，故磁州窑胎多呈灰或灰褐色，一开始烧造就使用北方窑场普遍采用的化妆土。此时邢窑衰落，而定窑鼎盛。定窑走的是贵族高端路线，已采用匣钵装烧法，观台窑虽然模仿定窑却以裸烧法为主。从北宋中后期到金代前期，观台窑获得极大发展，瓷器胎质提升，制作工整。宋金时期磁州窑繁荣兴盛，金代中后期达到全面繁荣。这个时期的磁州窑瓷器自由奔放，潇洒飘逸。

时势流转，观台窑于元代走向衰败，只能生产碗、盘、瓶、罐、盆、盒、枕等日常生活用瓷。元代后期，观台附近瓷器的主要原料，即青土、白土、白碱、白釉、黑釉、笼土、砂子、矸子土、黑青、马牙石、料石等资源将尽，而附近的彭城却资源丰富，彭城窑逐渐兴盛起来。

青土产于彭城镇附近的南山、北山、东山，为量甚巨，品质坚硬，呈黑灰色。白土产于彭城镇附近的东山、西山、南山，产量亦大，品质较青土稍差，其原土呈白褐黄灰黑等色。白碱系化妆土，产于彭城镇附近之南教城、北教城、南羊台、豆腐沟、曹谢等村。白釉是透明釉药，白碱上即施此釉，除本地外还产于河南省禹州南屏山及北屏山等处。黑釉产于彭城附近之韩家庄、羊和铺、三河底等村。笼土混以砂子，可制造烧笼，又可制缸，产于彭城镇附近之南山、西山。砂子是一种耐火黏土，呈暗赤褐色，与笼土混合，制造笼子，产于彭城镇附近的炉上村等处。矸子土也是一种耐火黏土，用以制造缸砖，以筑窑、修窑，产于彭城镇附近，为量甚巨。马牙石即石英，料石即方解石，为瓷器重要原料。马牙石产于彭城镇周围山上，料石产于彭城镇附近东山中，为量甚大。所有这些原料，由于储量巨大，因而一直到清末价格还十分

便宜。晚清民国时期，烧制青花瓷所用的原料黑青即氧化钴购自外国，这是当时当地陶瓷业成本最贵的原料。

所有这一切使彭城窑区逐步发展起来，替代了观台窑。1973 年，彭城大路沟出土元代至元三年（1266）石制碾槽和一些元代典型大鱼藻盆残片。考古发现此地瓷片堆积惊人，窑区阔大。元大都（今北京）居民区瓷器坑考古发掘出土瓷片数万件，加之水下考古的成果，都证明了磁州瓷器产量巨大，行销范围广。

明代彭城窑区规模有较大扩展，窑口遍及整个彭城镇。产品装饰仍以白地黑花为主，同时出现多彩化发展趋势，如白地黑花褐彩、白地黑彩篦花、灰地白彩、灰地白彩划花、黑釉、孔雀蓝釉下黑花、五彩、三彩、法花等装饰技法。还出现仿制其他名窑的制品，如仿制青花瓷器及青花五彩制品等。此外，建筑陶瓷发展极快。明代还在彭城设置"官坛厂"，酒缸、酒坛、酒瓶顺滏阳河舟运入京。

清初，彭城磁州窑再次进入繁荣时期，窑场窑型改大，品种产量增大，大多烧造一些满足百姓需要的价格低廉的生活必需品以及一些陈设用瓷及宗教用瓷，日用瓷覆盖民间市场。《磁州志》记载："彭城滏源里居民善陶缸之属，舟车络绎，售于他郡。"有"南有景德，北有彭城"之说。清道光十年（1830），磁州地震，窑场夷为平地，磁州窑受到毁灭性打击。

清末，彭城镇仍有缸磁窑 130 余座，瓷业工人千余名。日本农商务省商工局 1908 年版《清国窑业调查报告书》记载，磁州"沿靠京汉铁路，以生产餐具、茶具类产品为主，也生产花瓶、瓷枕，大部分产品为土陶器，也有类似瓷器的产品"。

在震后长期恢复过程中，为顺应社会形势的影响，清末磁州窑开始改良。伴随着清末光绪"新政"，袁世凯主导的直隶工艺总局组织对磁州窑的恢复和改良工作，全面学习和仿造景德镇瓷器。磁州窑曾派60 多人前往景德镇学习，景德镇也派技术窑工到磁州窑传授技艺。由此，磁州窑开始在传统工艺的基础

上结合景德镇青花技艺，进行了一系列的创新。

根据《大中华直隶省地理志》记载，到民国十二年（1923），彭城窑区有瓷窑235座、缸窑30余座，有窑工5000余人，年产碗约1亿件、缸70多万件，行销东北、西北、华北13个省及京津两市。

抗日战争期间，磁州窑饱受日寇摧残，广大窑工积极反抗并参加了八路军组织的对日作战。1945年后，这里成为中国共产党晋冀鲁豫战略区的重要工业、陶瓷生产基地。

天下的磁州窑

民国二十三年（1934），叶麟趾编著出版《古今中外陶瓷汇编》一书，明确指出河北省磁县彭城镇就是古代磁州窑窑址，特别指出上白化妆土是磁州窑的基本特征。同时认为博山窑、萧窑（白土窑）、吉州窑等窑口具有"类似磁州"的特点，为日后"磁州窑系"的界定打下了基础。随着发掘成果的日益丰富，人们发现许多地区的窑口在装饰等方面早于磁州地区，如当阳峪窑、扒村窑等，其白地黑花与剔刻划花工艺可能更早，更精致。磁州窑的磁土性质不如南方，但白化妆土千年沿烧不断，绘画瓷、釉下彩以及难以计数的世界性各地收藏让磁州窑系生命力依然强劲。

1951年，著名考古学者陈万里先生在观台的旧渡口等船时，发现了河边一大片完好无损的5万平方米的古代窑址，由此，轰动世界的目前尚存最典型、面积最大、保存最完好的磁州窑观台窑址得到人们的重新认识。迄今，在观台镇和彭城镇两地方圆百里发现古窑场200多个，密密匝匝，层层叠叠，蔚为大观。宽几十米、长数公里的古代瓷渣堆积如山，埋藏着难以计数的历代精美瓷器和瓷片标本。

影响最大的宋金元时期的白地黑花磁州窑系以磁州窑为中心，南达广东南海窑，西至宁夏灵武窑，北至内蒙古林东窑，东到山东淄博、枣庄窑，影响所及有河南当阳峪窑（也称碌武窑、焦作窑、修武窑）、

鹤壁窑、宜阳窑、禹州扒村窑、钧台窑、鲁山段店窑、登封曲河窑、新安县城关窑、板山窑、李封窑、安阳西善应窑、天僖镇窑、辉县窑（沿村、庙院岗、杨圪垱宰坡等窑）、新密窑（西关、窑沟窑）、郏县窑（黑虎洞、黄道窑）、宝丰青龙寺窑，山西介休窑（洪山窑）、临汾窑、榆次窑（孟家井窑）、平定窑、高山八叉镇窑、霍县窑，山东淄博窑、德州窑、博山窑、枣庄窑、河北井陉窑、曲阳燕川村窑、临城南程村窑、内蒙古赤峰缸瓦窑、宁夏灵武窑、辽宁辽阳江官屯窑、安徽宿州窑、萧县白土镇窑、陕西耀州窑、江西吉州窑、广西合浦窑、广东海康窑。磁州窑先后有两个中心，宋金时期的中心是磁县观台窑及其周围的19处窑场，元明清以后的中心是峰峰矿区的彭城等17处窑场。

磁州窑是北方白地黑花陶瓷的精神所在。黄河南北均有此类风格制品，包括明代、清代、民国时期大量生产的青花等瓷器，产品销往中国大部分地区。

修武当阳峪窑，在河南北部焦作市修武县西村乡当阳峪村，周围几个县市内分布着70多座生产同类陶瓷器物的民窑群。当阳峪窑生产磁州窑系瓷器的历史不一定比观台窑晚，技艺也不一定比观台窑差。修武窑在北宋窑中风格变化最多，做工特别精细。当阳峪窑始烧于唐代，北宋晚期发展到极盛，明代衰落，个别窑口如清化柏山窑延续到民国时期。当阳峪窑瓷胎质疏松，因陶土含铁量低而胎色发灰，釉薄。

当阳峪窑最有特色的装饰技法绞胎诞生于唐代，河南的巩义窑、登封曲河窑以及陕西的耀州窑均发现有此技术，以巩义窑为较早。绞胎是用褐白、黑白或棕白两色瓷泥互相糅合制成，再成型为两色相间纹理变化的图案，罩以无色及绿、黄釉，如花似锦，俗称"透花瓷"。当阳峪窑的红绿彩器鲜艳夺目。耿宝昌先生说："当阳峪白釉红绿彩绘亦较突出，以人物塑像、盘碗为常，绘以荷莲、菊花、鱼藻，生动活泼，开拓了五彩瓷的历史先声。"

鹤壁窑（鹤壁集窑）是位于河南鹤壁市鹤壁集镇的庞大的古窑址群。其始烧于唐，宋金时期全面繁

荣，元代衰落。鹤壁窑比观台窑创烧时间早，品种丰富，以烧造白地带花瓷器为主，产品和器型丰富多彩，以剔刻划花、绘画、文字及诗文装饰为主。北宋后的鹤壁窑与观台窑瓷器相比，略显粗糙、滞后。

禹州扒村窑，位于河南禹州市浅井镇扒村，遗址面积达75万平方米。其创于唐终于元，主要品种有白地黑花、白釉、黄釉、黑釉和青釉，器型有碗、盘、枕、瓶、罐等等。扒村瓷纹饰比磁州窑更粗放凝练，黑彩浓厚，胎质坚硬粗糙，与磁州窑更相似。

登封曲河窑位于登封市东南的告成镇曲河村。其创烧于唐，中经五代，盛于北宋，"宋时窑场环设，商贾云集，号邑巨镇，金元两代亦归淹没"，下限到元代。登封曲河窑以白釉为主，最有特色的装饰是模仿金银器上鱼子状纹饰的珍珠地。

新密窑位于河南新密西关及窑沟。西关窑始烧于唐而终于宋初，窑沟窑兴起在宋金时期。珍珠地划花装饰在新密窑中出现最早，成为磁州窑及其他北方窑场仿制的样板，北宋时已传播到河北、山西。

段店窑位于河南省鲁山县段店。其盛于唐，烧制的花瓷闻名天下。宋金时期规模扩大，开始烧制白地黑花的磁州窑风格瓷器。元代停烧。

榆次窑（孟家井窑）位于山西省太原市孟家井。孟家井柏灵庙明弘治三年(1490)重修碑记中记载："榆次县治之北六十里有乡曰孟家井，居民大率三百家，乃古昔陶器之所。"宋金时产黑白釉、青釉印花及纯青釉器等。

介休窑（洪山窑）位于山西省晋中介休市城东洪山镇洪山、磨沟村一带，遗址以喊车沟为中心，总面积达2.5万平方米。洪山窑创烧于北宋初年，历经金、元盛烧，明清走向衰败。洪山窑品种丰富，以细胎白瓷的烧造量较大。

淄博窑在山东淄博。宋代烧制白瓷、黑釉陶等，黑釉陶以"雨点釉"和"茶叶末釉"名传于世。金代产白瓷和白釉黑花、黑釉、酱色釉器等。清代除生产陶瓷，还制琉璃器。宋及晚清民国时期生产的瓷器多系磁州窑风格。

井陉窑位于河北省井陉县中北部和井陉矿区，1989年被发现，已勘探遗址12处，面积约102万平方米，规模较大。井陉窑创烧于隋，历经唐宋金元明清至民国时期，是继邢窑、定窑、磁州窑之后河北省第四大名窑。

唐山窑起于明永乐二年（1404），山西、山东移民带来制陶技术，在唐山弯道山周边落户，产品属磁州窑风格。

灵武窑位于宁夏回族自治区北部灵武市，始于西夏，经金代而终于元代。其所烧瓷器品种丰富，综合吸收中原地区定窑和磁州窑两窑系技术，体现了西夏游牧民族的特点。装饰上有划花、剔花和褐色点彩等，烧造工艺上普遍使用化妆土、刮釉叠烧、支圈垫烧等技法。

林东窑位于内蒙古自治区赤峰市巴林左旗林东镇，有上京窑、南山窑及白音戈勒窑三处窑址。上京窑为辽代官窑，烧白瓷、黑瓷及绿釉陶器，三窑总体体现磁州窑风格。

赤峰缸瓦窑是内蒙古自治区赤峰市的特产。缸瓦窑又称"赤峰窑"，为辽代官窑，窑址在今内蒙古自治区赤峰市西南68公里的缸瓦窑屯。以烧制白瓷为主，另有白瓷黑花器、三彩及单色釉陶器、茶叶末绿釉器和黑瓷等。

辽阳江官屯窑，窑址在今辽阳市东太子河南岸的江官屯，是金东京辽阳府唯一的古窑址。窑场很大，所烧以白釉粗瓷为主，另有白釉黑花和黑釉瓷器及三彩器。该窑初建于辽，金代达全盛时期，元代渐衰至废，是一处烧造时间较长、规模宏大的烧造瓷器的民窑。

抚顺大官屯窑，为金代前期窑，日本侵占时期组织过发掘，一批大官屯瓷器收藏于旅顺博物馆，主要包括生活用具、玩具、窑具三大类，另有建筑构件及异形器等，元时停烧。

海康窑（雷州窑）位于广东省雷州市明通河和南渡河两岸，是一处历经唐、宋、元三代的瓷窑，已发现窑址60多处。因此地隋时为海康县,故又称海康窑;又因地处雷州半岛,现为雷州市,故也称"雷州窑"。此窑烧制青釉褐彩器,明洪武三年(1370)因海禁而停废。

世界的磁州窑

宋代以来,磁州窑瓷器的外销促进了海上丝绸之路的繁荣。金元时期是磁州窑的鼎盛时期,此时的磁州窑达到水平的顶峰,产能获得巨大提升,元代产量达到历史峰值。加上元朝贸易向世界范围延伸,磁州窑瓷器此时在世界流传十分广泛。

古代磁州窑瓷器主要靠水路运输,境内的漳河、滏阳河航运连接大运河,故产品既可在北方直接出海,也可南下转口。磁州瓷畅销南北,横行天下,直冲海外,甚至远达北非,在当地一些古文化遗址中也能觅得磁州窑瓷器的芳踪。多处大洋海底沉船遗址的发掘,多处瓷器窖藏的考古等都争先恐后地告诉人们:磁州窑瓷器不仅是当时中华大地百姓喜爱的日常生活用品,更是中外贸易流通中的活跃商品。大量的考古发现充分说明磁州窑瓷器广受市场欢迎。

在博物馆收藏领域,磁州窑瓷器收藏同样具有世界性。除朝鲜半岛、日本、东南亚国家的博物馆大量收藏之外,美国大都会博物馆、法国集美博物馆、英国国家博物馆、加拿大安大略皇家博物馆等对磁州窑产品的兴趣也不落其后,均收藏有一定数量的磁州窑精品瓷器。日本更是以数量多、藏品精美而成为磁州窑瓷器收藏的大户。

1565年,两艘满载中国货物的大帆船扬帆起航,离开菲律宾马尼拉,前往墨西哥沿海的阿卡布尔科。马尼拉大帆船贸易的序幕由此拉开。中国一直是大帆船贸易货物的主要来源地,福建商船运到马尼拉的丝绸和瓷器,奠定了大帆船贸易的基础。作为交换,大量墨西哥白银甚至秘鲁白银被运回中国。

这是磁州窑瓷器的第二次大出口。贸易往来活跃,反过来必然带动本地生产。

伴随贸易输出,磁州窑的生产和装饰工艺逐步传播到了海外。韩国是最早受磁州窑装饰技法影响的国家之一。1976年,在韩国新安海底发现一艘元代沉船,随后经过多次打捞,出水瓷器近2万余件,其中有不少磁州窑白地褐彩、白地黑花和黑釉瓷器。北宋时期的磁州窑划花、剔花、珍珠地、镶嵌等工艺达到了很高的境界。金元时期磁州窑"白地黑花"毛笔书画装饰形成主流。韩国在高丽王朝时期就烧出了青瓷,12世纪的高丽瓷器与磁州窑制瓷技术方面有许多共同特点,如黑彩画花技法、白化妆土技法以及刻花剔花、白地黑花技法装饰纹样。13世纪,高丽王朝从青瓷装饰又演化出了青瓷镶嵌,青瓷上以铁颜料绘画施青釉,被称作"高丽绘",器型和纹样模仿磁州窑白地黑花工艺。15世纪朝鲜王朝时期,粉青沙器又成为一种新的时尚,其中剥地、雕花、印花、铁绘等技法,表现了韩国浓郁的民族色彩,从中又可显现磁州窑的深刻影响。韩国引以为傲的青瓷镶嵌技法就是磁州窑技法的延续和发展,铁画(白地黑花)、雕花(划花)、剥地(剔花)、印花、毛笔书画装饰等更是和磁州窑如出一辙。

20世纪60年代,日本九州福冈出土了磁州窑瓷片。近年来,在日本的东京、京都、福冈、熊本等地也都出土了磁州窑瓷片,如磁州窑方形枕、绿地白剔、三彩、线刻黄釉黑彩等。高丽王朝在掌握磁州窑的制瓷技术后,将这种工艺传到日本。此工艺深受日本人民喜爱,他们很快将磁州窑技法融入陶瓷制作之中,创造出"绘唐津""绘志野"等一系列本土风格作品。日本著名的陶瓷鉴赏家石英明说:"在日本,早在桃山时代,以古唐津为首,包括志野的黑花纹样技法,都模仿了磁州窑。"日本还将永青东京文库收藏的宋代磁州窑黑剔花折枝牡丹纹瓶、兵库白鹤美术馆收藏的磁州窑龙纹瓶认定为"日本重要文化遗产"。

日本的绘唐津、绘志野陶瓷装饰是磁州窑工艺传播的范例。绘唐津、绘志野不仅是对磁州瓷器的模仿，更是对这种瓷器背后精神层面的向往。如绘唐津是以写意手法反映出了自然的气息与生命的活力。唐津陶具有质朴、奔放、淡泊、亲切的民间特色，不受固定模式的约束，提倡的是自在的即兴创作，因而给人们的印象与感受也最为鲜明、强烈。

泰国古陶瓷由于胎中杂质多，所以普遍采取先在胎上施化妆土，再行彩绘，然后施釉烧成。素可泰（Sukhothai）窑的主要产品有铁绘鱼纹盘、碗及玉壶春瓶等典型作品，13—15世纪的泰国陶瓷造型装饰与磁州窑非常接近。

泰国没有发现磁州窑的出土器物，陶瓷烧造也没有循序渐进的发展过程，几乎是一夜之间生产出与磁州窑类同的器物。泰国曼谷大学东南亚陶瓷博物馆是泰国最大的陶瓷文物收藏馆，拥有此类陶瓷藏品16000多件。

素可泰窑规模不大，后来浙江陶工为了躲避灾患和战乱而抵泰并在宋加洛建窑生产青瓷，素可泰陶工便全部迁往宋加洛，素可泰窑生产遂告结束。

磁州窑风格传入泰国有"安南陶工所为"之说，安南（越南古称）在独立建国之前，基本上是在中国封建王朝的直接统治下，其文化自然深受中国的影响。中原制陶技术公元前2世纪传到了安南，安南历代制瓷技术、风格都来自中国。

南宋灭亡之后，抗元军民纷纷逃入东南亚，《元史·安南传》载元廷诏安南国王："自中统四年（1263）为始，每三年一贡，可选儒士、医人及通阴阳卜筮、诸色人匠，各三人，及……白磁盏等物同至。"在藩属贡物中指定"诸色人匠""白磁盏"，可知当时在安南定有大批工匠在该地设窑生产，借以谋生。至元二十二年至二十五年（1285—1288），元朝攻打安南，安南陶工再避入暹罗（泰国古称）境内，此时正是泰国素可泰王朝建立之初，不久类磁州窑的瓷器在泰国出现了。

12世纪，磁州窑的装饰技法传到伊朗。

大量考古资料和世界各地博物馆收藏表明，磁州窑对中国陶瓷生产和世界陶瓷生产有着重要贡献，其影响也证明了它的价值。历史越千年，一个北方民窑生生不息，从最早的北朝青瓷，到唐末五代的白瓷，再到宋元时期的"白地黑花"，最终开枝散叶，从磁州走向世界，创造了中国古陶瓷史的奇迹！

太行山东麓，自古即多通衢、河道，交通繁忙，由此奠定了磁州窑和磁州窑系形成的内在动力，促进了技艺的交流。

滏阳河是邯郸的母亲河，发源于邯郸市峰峰矿区滏山南麓，东出磁县北上，经邯郸、衡水、沧州等地，在沧州献县与滹沱河汇成子牙河，最后流入渤海。漳河源出山西省东南部太行山腹地，入磁县境东行，分流为两径：一是与滏阳河合流，史称北道；二是南行与卫河合流汇入运河，史称南道。磁州窑自北朝创烧以来，依托境内漳河与滏阳河两条河流，形成了滏阳河流域的临水窑烧造中心和漳河流域的观台窑烧造中心。这两条河流既是磁州窑兴起的必要条件，又是对外水运贸易的重要通道。从北宋到近代，磁州窑的产品通过漳河、滏阳河等水路和其他陆路运出。

20世纪以来，国内外发现多处运载瓷器的沉船与河道遗址，如河北磁县南开河沉船、沧州东光沉船、廊坊沉船等，出土瓷器中都发现有磁州窑器物。

20世纪70年代，河北大名县东部漳河故道上出土古船，船上满装金代观台窑外运的瓷器；1976年，河北磁县南开河、滏阳河交汇处故道发掘元代沉船6艘，出土瓷器379件，其中有磁州窑瓷器363件；1991—1994年间，辽宁绥中县渤海湾三道岗4次水下发掘，出水磁州窑整器225件；1997年，河北献县境内滏阳河上发现满载磁州窑瓷器的沉船；1998年，河北沧州东光县码头镇出土一艘元代沉船，内有磁州窑瓷器160件；2002年，内蒙古集宁等地陆续发现多处磁州窑瓷器窖藏，北京元大都遗址多处发现磁州窑瓷器；山东聊城境内出土的磁州窑瓷器达数百件；……

京杭大运河是举世闻名的水利工程，南起杭州，北至北京，全长约 1794 公里，流经河北、山东、江苏、浙江四省。大运河河北段连通着瓷器出海的码头，河北黄骅、盐山等滨海地区均发现有多处古代沉船和仓储遗址。1996 年，在黄骅市海丰镇发现了古代滨海码头的仓储遗址，出土的文物以瓷器最多，有定窑、井陉窑、磁州窑、耀州窑、龙泉窑等 5 个窑口的产品，其中以磁州窑的剔花和红绿彩为多。考古发现证明，一部分宋辽时期的中国北方瓷器是从海丰镇或再经中国南方港口转口运往东亚、东南亚的。

磁州窑瓷器正是通过漳河、滏阳河、大运河及其构筑的水系网络到达沿海及内地的港口和码头，再通过这些转运点分散到内地或出海运输到东亚、南亚、东南亚等地。这是一条传承千年的陶瓷之路。

一直到民国年间，磁州窑瓷器运输大都运至马头镇、光禄镇或大名之龙王庙镇。马头镇为平汉铁路车站，濒临滏阳河，水运可达天津，距彭城镇 60 里。光禄镇亦为平汉铁路车站，距彭城镇仅 30 里。龙王庙镇为运河码头，距彭城镇 160 里。水陆交通连成网状，以这些节点为中心，再由船只、火车运往各地。

创新的磁州窑

老子云："道法自然。"中国人对自然的尊崇和对自然法则的运用是世界独有的，并且融入了家庭生活和社会生产，这是中国传统文化的鲜明表征，在磁州窑产品中也有独特的体现。

第一，磁州窑和中国丝绸一样，从生产到使用都遵循自然的逻辑，凝聚了中国人的智慧和汗水。

明代以来，彭城之所以成为全国最大的缸生产基地，得益于它得天独厚的自然资源。陶瓷，就是土、水和火的艺术。它就地取材，成本低廉。磁县青土、缸土品质不高但资源丰富，由于含铁量高，瓷胎多呈灰色或灰褐色。窑工创造性地使用白化妆土，等青坯干燥到一定程度时，使用浇、蘸、浸、涂等方法，在器物外表施上一定厚度经精心调配的白化妆土浆液，

干燥后在外面罩上白色透明釉，生产出化妆白瓷。

目前发现最早的白地黑花瓷器，是 1959 年河南安阳发掘的隋开皇十五年（595）张盛墓出土的白地黑花武士瓷俑。深色坯胎和白化妆土的反差，使刻花呈现了两色，而干透的白胎又像是一张等待创作的白纸，用毛笔绘画写字，加上外面的釉，这使中国传统的单色釉迈向了缤纷多彩的陶瓷世界，更走出了磁州窑独具特色的白地黑花装饰。

用单片的竹、木、兽角在瓷胎上划花，或用篦形器联排划花；有施用化妆土之前在素胎上划花的，也有在施用化妆土之后划花的。每一种方式制成的器物，其风格和韵味都大不相同。所有这一切都体现了中国人的自然观以及天人合一的人与自然的关系，中国人的生产、生活就是这样在世界展开的。

第二，磁州窑是日后缤纷多彩的陶瓷世界技术的起点。

古人很早就在陶器上用各种颜料作画，限于人们对瓷器釉的认识，早期的瓷器基本上都是单色釉。唐朝人追求极致的白瓷，宋代五大名窑在单色上费尽心思，以宋徽宗赵佶的一句"雨过天晴云破处，这般颜色做将来"最有影响力，引导着瓷器在单色釉技术路线上不断探索。

而磁州窑用白化妆土一招尽破天下单色，瓷面变成了纸面，等待匠人的描画，世界在黑白两色间鲜活起来。这是磁州窑的一个伟大的创造，从此揭开了世界瓷器发展史的新天地。

可以肯定，没有磁州窑的釉下彩，就没有日后景德镇的青花陶瓷，更没有后世陶瓷世界的缤纷灿烂。

这种巧用化妆土装饰的"白地黑花"技术，犹如中国传统的水墨画，具有自然、随意的韵味，深得民间百姓喜爱，更是让磁州窑的窑工们"脑洞大开"，由此一发而不可收，创造出多种多样、丰富多彩的装饰技法，使其成为磁州窑的主要特色。

磁州窑创造的诸多技法，几乎涉及陶瓷制作工艺的所有领域。以施白化妆土为基本特征，磁州窑创

造出了多样装饰技法及瓷器，有各类色釉饰、刻划花、剔花、白地黑花、白地釉下绘划花、红绿彩等技法，还有低温钻釉三彩印花白瓷、印花青瓷等。尤其是白地黑花，在宋代就突破了五大官窑单色釉的局限，把中国的传统绘画、书法技艺与制瓷工艺结合起来，将中国人的精神世界呈现在了世界面前，创造了新的综合艺术，开拓了人间美的新境界。更为重要的是，它为日后的元青花和五彩瓷器的出现、发展开辟了道路。

秦大树先生在其博士学位论文《磁州窑研究》中对磁州窑的产品进行了全面的总结。他认为磁州窑产品有下列几种：一是素面白化妆瓷器，二是白釉划花瓷器，三是白釉刻花瓷器，四是白釉珍珠地划花瓷器，五是白釉剔花瓷器，六是白釉黑剔花瓷器，七是白釉印花瓷器，八是白釉凸线纹瓷器，九是白地黑花，十是白地绘划花瓷器，十一是白地黑花加综彩瓷器，十二是白釉模制器物和模印花瓷器，十三是白釉绿彩瓷器，十四是白釉酱彩瓷器，十五是白釉釉上红绿彩瓷器，十六是素面黑釉瓷器，十七是黑釉剔划花瓷器，十八是黑釉酱彩瓷器，十九是黑釉铁锈花瓷器，二十是黑釉凸线纹瓷器，二十一是黑釉模制瓷器，二十二是棕黄釉瓷器，二十三是绿釉瓷器，二十四是黄釉瓷器，二十五是黄绿釉瓷器（二十三至二十五这三种又包括很多种类），二十六是翠蓝釉瓷器，二十七是绞胎瓷器等。这些产品本身就是技法的物化。

也有学者将工艺技法归纳为划、刻花、剔花、印塑、绘画及彩釉六大类。在青坯施白化妆土的基础上，印塑装饰工艺有白地印花、白釉镂空、瓦沟纹、柳条纹、菊瓣纹、瓜棱纹。刻划装饰工艺有白地刻花、白地划花、白地划花罩绿釉、棕黄釉划花、白地剔花、白地剔花罩绿釉、白地黑剔花、白地黑剔花罩绿釉、白地片刻。毛笔彩绘装饰工艺有点涂绿、褐色斑、白地黑花（有加褐彩的）、白地黑花罩色釉、白地青花（还有加彩）。综合装饰工艺有白地剔花填黑彩、白地绘划花、白地绘划花罩绿釉、珍珠地、红绿彩。其他装

饰工艺有跳刀飞白纹、绿釉飞白纹、白地熏黑彩等。然后再用装饰让陶瓷穿上"衣服"。而磁州窑的釉是十分丰富的，诸如白釉、荣褐釉（饴釉）、翡翠釉（孔雀蓝釉）、绿釉、红绿彩、三彩釉等。

磁州窑创新的动力是百姓大众的需求，即市场需求，创新的源泉是学习。面向普通百姓日常生活的供给使窑品间相互学习变得极为普遍，市场压力又使工匠不断地创新，奉创新为生存之道，广学天下技艺，博采众长，这是民间窑口的特色。

唐五代的长沙窑（铜官窑）在今湖南长沙市铜官镇一带，其生机勃勃的釉下彩绘有斑块、条纹、散点、涂抹、蘸泼、图案、绘画、纪年、题诗、题句和商业铭文等，其艺术生命在磁州窑发扬光大。

而江西吉州窑从南宋时期才开始运用毛笔书画装饰工艺，最终黑釉及铁锈花成为特色。陕西耀州窑也是元代后才大量生产白地黑花瓷器的。

随着磁州窑瓷器的销售和窑工的迁徙，磁州窑技艺得以广泛传播。先是在相近的窑系内部相互学习借鉴。宋代磁州窑仿造了建窑盏和定窑的瓷器，特别是仿定器还生产出了精细的白瓷。井陉窑对定窑创烧有较大的促进作用。其他窑系的技艺包括当阳峪窑的绞胎、红绿彩、白地黑花工艺，鹤壁窑的白釉刻划剔印花、白釉红绿彩及白地黑花工艺，登封的窑珍珠地划剔刻花工艺以及白、黑釉工艺，鲁山段店窑的白釉黑花、珍珠地划花工艺，淄博窑的白釉黑花、黑釉白线纹工艺，萧县窑的白黄黑釉墨彩画花、划印花工艺。定窑主要学习磁州窑的白釉酱彩梅花点、珍珠地划花填彩、白釉剔花（黑剔花和黑花）、竖线刻划、白釉模印花、低温绿釉、低温红绿彩等装饰技术。

第三，磁州窑以瓷器取代了大量其他材质制成的生活用品，博采青铜器、石器、漆器、木器、竹器等器物造型的特点，演化成精巧实用、千变万化、无一定式的瓷器。百姓生活中能够用陶瓷器皿代替的一切器物，如碗、罐、坛、瓶、碟、玩具等尽其可能用陶瓷烧制生产。当然，金器、漆器和织物、石器等工

艺对磁州窑烧制均有一定程度的影响。

宋代各窑都从单一日常生活用瓷的生产过渡到兼烧陈设瓷、艺术瓷、宗教瓷、建筑瓷，因而极大地提升了瓷器在百姓生活中的重要性。在宋金长期对峙时期，南方的铜和廉价瓷器进入不了北方民间市场，客观上提高了磁州窑的市场地位，同时以瓷像代替北方传统的石造像，更是一大创新。此时，观台窑陈设瓷、艺术瓷、宗教瓷的产量大幅增加。

第四，磁州窑极大提升了人民的生活品质，促使庶民文化趋向于雅致。民间对高雅文化的追求使磁州窑在瓷器装饰上大放异彩，瓷器上装饰有诗文、书法、水墨画等图案，为百姓生活增添了些许意趣。

瓷枕始见于隋朝，所谓"唐代瓷枕小，宋代瓷枕大，金元瓷枕千变万化"道出的是瓷枕的变迁。枕在中国有软硬两类，硬枕是磁州窑的典型器物之一。磁州窑在瓷枕烧制上不断创新，宋代至民国时期，磁州窑瓷枕强力的市场供给，使其成为北方百姓生活的日常用品，犹如今天的硬木家具。

磁州窑瓷枕造型富于变化，有方形枕、椭圆形枕、腰圆形枕、如意形枕、元宝形枕、扇子形枕、八角形枕、亚腰形枕、叶形枕、豆形枕、猫形枕、虎形枕、卧婴形枕、妇人形枕、长方形枕等等。窑枕真正的艺术魅力在纹饰上，瓷枕表面绘有人物、山水、花鸟、虫鱼、动物、故事、诗词等各种图案。人物故事枕多以二十四孝、历史故事和元杂剧为主要表现内容，通过浓厚的生活情趣体现丰富的文化内涵。多变的造型和多样的纹饰相映成趣，使之成为磁州窑制品中的上品。枕底多有"张家造""漳滨逸人制"等戳印，相当于今天的商标。

第五，在清末民国时期，磁州窑在工艺技术、审美风格方面走出来了一条海纳百川、融合创新之路。金末元初大量磁州窑窑工迁徙到景德镇，给景德镇带去人才和技术。明时期磁州窑走下坡路，到清代已沦为非常普通的地方土窑，而同时的景德镇窑则风生水

起。据记载，清末光绪帝推出工业改良计划，彭城窑欲重整旗鼓，专门派遣技术、管理团队到景德镇学习取经，之后，彭城窑的产品均带有景德镇青花瓷风格。

明清彭城窑产品装饰仍以白地黑花为主，同时出现多彩化发展趋势，有了白地黑花褐彩、白地黑花红彩、白地黑彩蓖花、灰地白彩、灰地白彩划花、黑釉、孔雀蓝釉下黑花、五彩、明三彩、法花等装饰技法。此外，还仿制了景德镇青花瓷器及青花五彩等。

清末民国时期，磁州窑深受景德镇的细瓷、洋瓷输入以及禹州、平定、井陉、唐山等地所产瓷的影响。清末彭城所产瓷器有碗、罐、坛、瓶、碟、玩具等数种。当地人痛感产品"拘守故态，笨重陋劣"，认识到"墨守成规，不知改进"的局限，先是请来江西景德镇工人，改良制品，但"易地即无所施其技也"。后来当地瓷业同业公会派生徒赴江西景德镇学习，在彭城设立瓷业甲种工业学校，用机器使原料成型更加优美，注意化学分析，改良瓷器品质。

民国时期，河北省立工业试验所及唐山启新洋灰公司的新法制瓷对彭城有极大影响，天津商人常驻彭城贩瓷，"以舶来之釉供给窑店"，以日英货最多，彭城产瓷因之有较大改进。河北省立工艺试验厂有职工从天津回彭城创设小瓷窑，也有从唐山等处归来的工人在此自行营业，仿行各种新法，应用各种模型，承揽种种活计，产销两旺。

民国早年的彭城瓷窑，可分为两种：一为普通窑，一为巧货窑。如果加上缸窑、砂锅的话，那就是三种。据民国二十四年（1935）统计，彭城共计有碗窑206座，缸窑32座，小瓷窑10余座。普通窑生产碟、寿罐、大掸瓶、饭碗、大酒壶、五寸碟、大茶壶、便壶、挂灯等。巧货窑以精巧瓷器为主，缸窑专制缸、瓮等，缸窑均为山西人经营。民国初年彭城窑瓷器销路甚广，可及河北、河南、山东、关外各处。以华北为多，而天津、北平、汉口三处销行最盛，一部分时销海外。

第六，磁州窑以烧煤制瓷，从而提升了产量。

清末民国时期，磁县每座大窑每日用煤 10 万斤，中窑每日用煤 7 万斤，小窑每日用煤 5 万斤。磁县当时有瓷窑 400 余座，按 200 座烧窑计算，每窑每日用煤 5 万斤，每日需用煤千万斤。

磁州窑系是在国内较早用煤烧窑的窑口之一。据专家考证，河南巩义市铁生沟、郑州古荥镇两处大型冶铁遗址和古河南县（洛阳市西郊）瀍河东岸陶窑遗址中发现了用煤痕迹，证实汉代就已使用煤炭烧制陶瓷。在铁生沟冶铁遗址"兼营陶业"的许多陶窑中，发现"煤灰"和"原煤块"。瀍河东岸陶窑火膛内发现用煤的遗迹。考古鉴定上述三处窑址属于汉代，距今已 1800 多年。1500 多年前的北朝，山东泰安满庄乡中淳于古瓷窑遗址发现"煤渣"。河南巩义市大小黄冶村十多处三彩窑遗址内炉渣证实在唐朝已兼用"煤炭"作为燃料烧窑。山西交城磁窑头窑晚唐时期也曾以"煤火氧化"法烧瓷。早在北宋以前定窑已经开始使用煤作为燃料烧造瓷器。宋辽金时期，中国陶瓷业发展进入鼎盛时期，已知有 20 多处瓷窑使用、沿用或兼用煤炭作为烧窑燃料，如枣庄中陈郝瓷窑址在金代窑炉底部发现有煤渣。上述窑址中，多数是窑窑相连的窑群，少则数座，多者十数座，尤以河南、河北、陕西等省分布最多，规模大，影响广。可以肯定的是，这么大规模的窑场，其用煤量也是很大的。

总而言之，煤炭作为燃料烧制陶瓷，在中国陶瓷业的发展史中起着十分重要的作用。

第七，磁州窑在陶瓷生产管理上采用独特的"分货制"。

磁州窑从明代开始就以"分货制"进行生产。分货制就是在生产过程中，窑主和工匠按照各自的成本投入对窑口成品出货进行实物分配。具体做法是：窑主和工匠按烧成的瓷货进行二一分成，窑主得两份，工匠得一份。而工人所得的窑货再分成十份，碗匠得四份，余下的六份再按技术高低、出力大小，进行再分配。工匠与窑主分享出品，从原料的提供到陶瓷生产的每一步骤所需人工全部计入分配比例，参与分配。这种生产经营方式也是十分独特的。

文化的磁州窑

磁州窑的伟大在于将瓷器变成了白纸，变成了一张可以描绘黑白图案的白纸。在这张白纸上，窑工又通过各种技艺将其立体化。平面和立体的艺术世界，不论是文字、图案，还是无穷的设计，都在磁州窑的瓷器上加以呈现。

宋代磁州窑以黑白两色为主要载体，几乎将中国民间喜闻乐见的一切，诸如文字、民俗、文学、乐曲、绘画、游戏、教育等元素，以文字或绘画的艺术形式创造性地应用于瓷器的装饰，瓷器成为历史、文化、艺术的载体。而明清直至民国时期，这一传统并不因为青花或多瓷釉的出现而发生改变，磁州窑承载着中华民族文化的大众审美，被审视也审视着时代和过客。

汉字书法有字形美、寓意美、字音美等特点，篆、隶、草、楷、行等众多书体在瓷器上一一呈现。磁州窑烧制的碗、盘、瓶、罐等瓷器上，大多绘制有单字、词组、成语、诗词曲文句、百家姓内容等，不一而足，雅俗共赏。也有不少写有元代八思巴文、清代满文及外国字母的瓷碗与瓷盘。

大英博物馆收藏有一只元代磁州窑八思巴文"美酒"四系瓶，美的寓意、字体的变化及简洁劲健的笔画，加上瓷器形体之美，构成一幅天然质朴的图画。瓷器的汉字中还有非常有意思的一笔书写或借字书写，诸如"都是命也""黄金万两"，从上到下，借用上字部分，叠笔书成。此外，"福""寿"两字的艺术化变形字体也妙不可言。

在文字装饰上，磁州窑瓷器上有很多表达中国人人生智慧的内容，诸如民间的谣谚俚曲、规劝箴言、处世哲学以及吉祥语、祝福语等，常见的有"天下太平""众中少语，无事早归""有客问浮世，无言指落花""孤馆雨留人""国家永安""镇宅大吉""利市大吉""天地大吉""牛羊千口""天地大吉，一日无事，深谢""贫居闹市无人问，富住深山有远亲""风吹前院竹，雨折后院花""清风细雨，黄花绿叶""清吉美酒，醉乡酒海""红花满院""道德清净""风花雪月""福寿康宁""川流不息""家和生贵子，门善出高人""家国永安""招财利市""招财进宝，日进斗金"等。

磁州窑的装饰文字还有谜语，如罐面书"四个川字川连川，四个山字山靠山，有人对成一个字，两个鸡子一酒满"，谜面的前两句分别用形象的语言刻画出一个"田"字。文字谜有"君子里外走，不许胡多手，被人看见了，不如猪和狗"（打一物），"有甲无盔，有肚无腿，有口无嘴，有心无肺"（打一物），"楚霸王，李闯王，关帝王"（打四书一句），"生在深山，长在平地，头顶日月，满身文气"（打一物）等。

磁州窑瓷器的风光情感书写是一大特色，文字迅速将你拉入美景和美好情感的意境。如"江天暮雪""烟寺晚钟""一枝花""蝶飞花下舞，鹤引水边行""春夏秋冬及四时，闲观书画共琴棋""风吹前园竹，雨洒后亭（庭）花""春夏秋冬""春莺飞来红杏树，夏蝉却奔浓杨柳。秋天客饮黄花酒，冬日人吟白雪诗""红梅因雪放""一樽岁酒拜庭除""观雪：江南三尺，人道十年""富贵长春：春水满四泽，夏云多奇峰。秋月扬明晖，冬岭秀孤松""水风轻，蘋花渐老，月露冷，梧叶飘黄""春人饮春酒，春丈打春牛""江天暮雪""远浦归帆""烟寺晚钟""渔村落照""潇湘夜雨""平沙落雁""一声卖花声""一声甘丹（肝胆）""杨柳分开沽酒市，荷花迷却钓渔船""独占花王号，春风放牡丹""三杯两盏淡酒，春夏秋冬精神""雪满山中高士卧"等。

磁州窑的装饰文字有些表达了平常百姓的失意感慨。如"错把陈醋当成墨，人生都是酸写出""左难右难，枉把功名干。烟波名利不如闲，到头来无忧患。积玉堆金，无边无岸，限来时，悔后晚。病患过关，

谁救得贪心汉""得闲且闲，已过终年限，宁交别人上高竿，却交别他人看。邯郸长安，皆属虚欢（幻），论渔樵，一话间。江山自安，那里也，唐和汉""终归了汉，始灭了秦，子房公到底高如韩信。幼年间进身，中年时事君，到老来全身。为甚不争名，曾共高人论""韩信功劳十大，诸葛亮位至三台，百年都向土中埋。邵平瓜盈亩种，渊明菊夹篱开，闻安乐归去来""晨鸡初报，昏鸦争噪，哪一个不红尘里闹。路遥遥，水迢迢。利名人都上长安道，今日少年明日老，山依（旧）好，人不见了"等。

磁州窑的装饰文字有些传达的是处世哲学类与对人生进取的规劝。如"忍""在处与人和，人生得己何。长修君子行，由自是非多""己所不欲，勿施于人""众中少语，无事早归""有客问浮世，无言指落花""龙楼凤阁九重城，新筑沙堤宰相行。我荣我贵君莫笑，十年前是一书生""渔得鱼，鱼兴阑，得鱼满笼收轮竿。樵得樵，樵心喜，得樵盈担斤斧已。樵父渔夫两悠悠，相见溪边山岸头。绿杨影里说闲话，闲话相投不知罢。渔忘渔，樵忘樵，绿杨影里空蹰踏。画工画得渔樵似，难画渔樵腹中事。话中所以是如何，请君识问苏东坡"等。

磁州窑的装饰文字有些则表现了人与人之间的美好情感。其中有乡旅类，如"常忆离家日，双亲抚背言。过桥须下马，有路莫行船。未晚先寻宿，鸡鸣早看天。古来冤枉者，尽在路途边"等。也有风月类，如"愁如醉，闷似痴，闷和愁养成春睡。珠帘任谁休卷起，怕莺花笑人憔悴""春将暮，风又雨，满园落花飞絮。梦回枕边云渡事，一声声道，不如归去""先生不面归何处，空巢藤花满院香。欲写姓名无纸墨，马鞭画破绿苔墙""月明满院晴如昼，绕池塘四面垂杨柳。泪湿衣襟离情感旧，人人记得同携手。从来早是不唧溜，闷酒儿渲得人来瘦，睡里相逢连忙先走，只和梦里厮驰逗。常记共伊初相见，特枕前说了深深愿，到得而今烦恼无限，情人虚着如天远。当初两意非轻浅，奈好事间阻隔离愁怨。似捎得一口珍珠米饭，

嚼了却叫别人咽"等。

写在陶瓷器物上的广告文字有的非常直白，如"金鱼馆""风乐馆""仁和馆""太平馆""酒""好酒""羊羔酒""金波玉液""江米好酒""竹叶青""梨花白""比赵云""轩池雁三小""酒海""酒盆儿"等。有的广告文字艺术性则强一些，如"一醉解千愁""三杯和万事""甜香味美最为善""长命枕"等。有的极具艺术品位，如枕面开光墨书："绣顶聚金不胜情，夏便瓷枕自凉生。清魂内如游仙梦，有象纱厨枕水晶。"酒坛则有："文人饮三杯，进三场，连中三元；武将吃一盏，杀一阵，官居一品。"下书："问酒谁家好？还答此处高。""康熙八年，造下此坛。出自山西，郡名陵川。附城镇上，西南子山。放酒酒好，盛醋醋酸。放水不漏，腌菜菜咸。诸般都放，放蜜更甜。买上一个，君常喜欢。人人爱买。不论价钱，使了想使，胜活十年。请君先看，许多诗言。我要讨价,细细五钱。可好可好，值钱值钱。休走休走，快还快还。真正白货，走而河南。"

磁州窑瓷器所现文字，贴近民众，贴近生活，贴近时代，最能反映普通民众的社会生活。

艺术的磁州窑更是文化的磁州窑。

古时不是今时，识字的人不多，而让人能够通过图画使精神世界得到涵养，磁州窑瓷器做到了。重要的是，中国传统图画在表达方式上追求简约、含蓄，磁州窑瓷器上的文字、图画同样如此，甚至更甚。它内涵的思想既有一定深度又有极大的宣教性。

磁州窑的装饰工艺技法自由灵活，方式多样，通过毛笔、竹、木，以民间喜闻乐见的装饰内容，自由奔放潇洒不羁的艺术构思，黑白两色的强烈对比，造就了独特的艺术韵味。绘画与装饰两相碰撞，相互激发生长，最终使装饰手法独步天下，形成其有规无束、刚劲豪放、潇洒自如的艺术风格。磁州窑无所不绘，为我们留下了宝贵的历史民俗图像。

磁州窑宋、金两代的装饰技法大爆发，划花、剔花、镶嵌、珍珠地、印花、黑绘、红绿彩等技法如繁花烂漫，异彩纷呈。可以说，如果没有磁州窑的瓷器，

很长的一段历史时期里，中国人的日常生活将缺少更多的情趣和审美。

磁州窑画师极其潇洒的手法和高超精湛的画技，将民间熟悉的市井风物、童叟仕宦、花鸟鱼虫、龙凤鹿马、珍禽异兽、山水人物、戏曲故事、诗词曲赋、警句谚语、婴戏杂技、文字谜语等绘于瓷器之上，形成了质朴豪放的艺术风格，对国内外的陶瓷产生了深远而巨大的影响。

磁州窑的纹饰非常丰富，工匠追求文人的修为，赢得平民百姓的喜爱。在纹样上，一气呵成的娴熟画艺，令许多艺术大师叹为观止。

磁州窑器物的装饰题材主要有花卉纹、飞禽走兽纹、鱼草纹、婴戏纹、人物山水纹、文字图案纹、珍珠地纹、抽象形纹、浮雕纹等9种类型。动物纹、人物纹及常见的婴戏图纹画意格调清新，平易近人，突出神情描绘，生动传神，具有很强的感染力。

花卉纹行笔舒畅流利，花形描绘普遍肥大饱满，活泼多姿，具有典型的民间艺术风格，是磁州窑美化装饰大小器物的主要纹样之一。画师选用民间喜闻乐见的牡丹、荷花、菊、向日葵、蕉叶、迎春花、石榴、松、竹、梅等纹样，按照器型的面积大小，分别使用不同工具，运用刻、剔、划、填、绘等手法，在瓶、罐、壶、碗、盘等器物上进行装饰。金代花卉纹装饰广泛应用，牡丹花、芍药花、栀子花等花卉成为装饰的主要图案。

飞禽走兽纹主要有龙、凤、芦雁、鹤、喜鹊、鹿、兔、水禽、喜鹊、仙鹤、翠鸟、鸡、鹿、虎、狮等，以表达喜庆、长寿、驱邪等寓意。如故宫博物院收藏的一件瓷枕，仰面绘狮子，墨书"镇宅"，表达用雄狮、猛虎来镇宅驱邪之意，是民间百姓喜欢的产品。元代产品特点是厚重、硕大、浑圆，以大盆、大罐、枕多见。纹饰主要有云龙、云凤、云雁和鱼藻纹等。

鱼草纹是磁州窑常用纹样之一，多装饰在日常用具中，种类丰富，十分美观。有的还把草叶略微变化一下，组成图案，变为卷草纹，装饰在瓷罐和瓷枕的周壁，显得古朴大方、雅而不俗。这与磁州窑位于

漳河和滏阳河两岸有关，这里鱼美草丰，纹样取自生活，是生活的再现和写照。

磁州窑的人物纹有马戏、熊戏、童子钓鱼、池塘赶鸭、蹴球等，线条流畅，风格豪放，情趣盎然。婴戏纹是磁州窑瓷枕、瓷罐上常见的一种装饰纹样，有骑竹马、钓鱼、放风筝、踢足球、打陀螺、踢毽子等，纹样简单，构图严谨，主题突出，笔法娴熟，乡土气息浓郁，充分体现了磁州窑画师的深厚功力，群众十分喜欢。这些画面反映了当时儿童的生活、服饰及活动场面，历史价值极其珍贵。其中人物山水纹多见于瓷枕，有深山古刹、江河船渡、园林美景、历史人物等，每一个纹样都是一幅美丽的画卷，十分赏心悦目。特别是宋代瓷枕装饰，内容大多是珍珠地上划出简单的花卉纹饰，也有一部分剔划的人物、动物装饰和文字装饰。禽鸟、鱼藻、狮虎类等纹饰也大量出现在瓷枕上，诗文装饰也成为主流。元代通常枕面两端绘繁密雅致的牡丹或菊花或石榴花等花卉纹饰，向内开光的大幅枕面装饰出现了以历史人物、历史故事为主导题材的内容，如柳毅传书、元杂剧人物、项羽渡江、司马相如桥头题诗、僧稠解二虎、宋朝铁面御史赵抃入蜀、唐太宗便桥见房、宋太宗雪夜访宰相赵普等，凡此种种，不一而足。甚至还有表现民间体育的，如蹴鞠图、棍球击乐图等。张天师断案、李渤驯鹿、陈抟避诏、刘殷行孝、八仙过海、庄子试妻等，也都是画枕题材。元代画枕所绘故事，印证和诠释了比它晚上百年或二三百年的明代古典文学名著《西游记》《三国演义》《水浒传》中有关故事的流传和形成过程。

文字纹在唐代长沙窑最早出现。宋代文字纹更加流行，从一个字"花""忍"，到百姓处世哲学的"众中少语，无事早归"，再到阿拉伯文等，内容丰富。特别是元代，出现了藏文、阿拉伯文、梵文等的文字纹饰。

明朝磁州窑纹样开始图形化，特别是表示人们美好愿望的"寿""福"两字，出现了从极为工整的楷书向花卉纹样转化的历程，这可以说是中国美术字的先驱。清朝文字纹有了满文，同时其图形化程度更高。

文字图案并用是磁州窑一大创新，极具特色。窑工用线条或图案做边框，将古诗词名句、名段、名篇文字和花卉组合在一块，用来表达一种寓意、思想或观念。

珍珠地纹古时是在金银器上常用的一种装饰，意在表现富贵，后来被窑工移植到瓷器上做衬地。磁州窑北宋时期在壶、炉、枕、灯、仕女图上不断出现珍珠地纹饰器物，把圆圆的珍珠撒在花丛图案之间，给人以美观高雅之感。

抽象纹样装饰是磁州窑瓷器上的一种特殊的纹样，非字、非花、非草，又似字、似花、似草，美化器物的同时包含着吉祥祝福之意，常见于盘、罐、瓶、小碗等器物上，是窑工即兴挥毫而作，随意，概括，简练，运笔娴熟，显示出高超的绘画技巧。

浮雕纹样装饰是磁州窑技艺的一种进步表现。窑工先将设计好的纹样制成模具，然后压印成带有图案花纹的分部，修平内壁，再拼装成瓷枕、花盆、花瓶、建筑构件等器物，最后施釉入窑烧制。这样就可以实现生产的标准化，并且可以大规模生产，大大提高了瓷器的生产率和器物的美观程度。

结束语

河北邯郸峰峰矿区彭城镇，依山傍水，风景秀丽，资源丰富，交通便利，是磁州窑所在地。

邯郸现有陶瓷企业 87 家，其中国有企业 16 家(磁州窑公司)，集团企业 6 家，混合所有制和外资企业 7 家，租赁生产企业 7 家，民营企业 51 家；年总产值达 6 亿元，利税 5300 万元，年出口创汇能力 2600 万美元，其中自营出口创汇 660 万美元；从业人员 2.5 万人。企业主要集中在彭城、义井两镇，约 80 余家，主要生产各类中餐具、茶具、咖啡具、酒具等，还生产工业陶瓷、建筑陶瓷、电瓷、艺术陶瓷、园林和旅游陶瓷等。自创品牌 14 个。

新时代掀开了历史新篇章。有着悠久历史、辉煌文化和古老陶艺的磁州窑，深深扎根于河北广袤的土地，千年窑火不断，凝聚着强大生命力。太行山脉巍峨耸立，漳河滏水浩浩汤汤。磁州窑是河北人民的骄傲，也是祖国母亲的骄傲。

戴建兵
（河北师范大学教授、博士生导师）

逸笔何草草　磁窑话千年
——磁州窑的生产历史与地位

磁州窑是唐末五代以来在中国北方地区兴起的一个著名的民间窑场，其烧制历史一直延续至当代，是中国制瓷传统中具有悠久历史的重要窑口之一。它具有鲜明的民窑特色和深远的影响，是宋代以降文人士大夫的清雅艺术与庶民艺术分野后，庶民艺术中最具代表性的制瓷传统。磁州窑以质朴、挺拔的造型，豪放、生动的装饰而驰名中外，成为古陶瓷研究的一个历久不衰的重要课题[1]。

一、磁州窑的概念界定与产品种类

（一）磁州窑的概念界定

磁州窑是指从唐末五代起，直到近代，在古代磁州范围内生产瓷器的一批民间窑场。这些窑场的产品以供应周围地区的民间日用为主，在其生产的主要阶段并不以供御而著称，流布范围也并不广远。这些窑场均以使用当地出产的瓷土为原料，由于当地瓷土的品质不高，因而成品的胎体较粗，颜色较深，为此，磁州窑的产品在胎釉之间加施了一层白色化妆土，生产出了洁白的瓷器，达到了粗瓷细作的目的。化妆白瓷成为磁州窑最主要的产品和最具特色的风格。同时，以这层化妆土为基础，磁州窑发展了丰富多彩的装饰，其特点是利用了较深的胎色、黑色的彩与纯白色的化妆土呈色深浅对比，达到了纹饰鲜明的效果。这种依托化妆土而发展起来的装饰，是从晚唐时期开始白瓷生产中出现的精细白瓷与化妆白瓷发生分野的标志[2]。磁州窑又在其生产历史中一直生产釉上加彩和彩釉器物，形成了多样的色彩。磁州窑瓷器的造型和装饰艺术具有强烈的民间艺术特色。总体上磁州窑在艺术上形成了反差强烈、色彩丰富、工艺多样、纹样活泼、潇洒流畅的风格[3]，与宋代文人士大夫追求的规整淡雅、不尚装饰、不突破单色的清雅艺术形成了明显的差异。归纳磁州窑的特点：就地取材，经济生产，装饰丰富，色彩鲜明，具有民间艺术特色。

（二）磁州窑的空间分布

中国古代文献中所指的"磁州窑"或"磁器"，是指古磁州境内的窑场。磁州于隋开皇十年（590）建立，以后相延使用，直至近代[4]。古磁州的范围大

---

① 秦大树：《磁州窑的特点及考古研究》，载张晓燕、张国英主编《磁州窑与吉州窑文化传承交流之研究：第五届国际磁州窑论坛文集》，北京：文物出版社，2020，第 141 - 165 页。

② 秦大树：《瓷器化妆土工艺的产生与发展》，《华夏考古》2018 年第 1 期，第 72 - 89 页。

③ 长谷部乐尔：《中国的陶磁 7·磁州窑》，东京：平凡社，1996，第 85 - 88 页。

④ 乐史撰，王文楚等点校《太平寰宇记》卷之五十六，《河北道五》，"磁州"条载："本汉魏郡武安县地，周武帝于此别置滏阳县及成安郡。隋开皇十年废郡，于县置磁州，以昭义县界有磁山，出磁石，因取为名。大业二年废州，以县属相州。唐武德元年复置磁州，领滏阳、临水、成安三县。"北京：中华书局，2007，第 1159 页。据此书，并据嘉靖《磁州志》，以及《宋史》卷八十六《地理二》、《金史》卷二十五《地理中》及《元史》卷五十八《地理一》（均为中华书局排印本）记载，以后各朝也曾有短时间改易州名，如惠州、滏阳郡等，但总的看来，宋金元明等朝大部分时间一直称为磁州。

体上包括今河北省邯郸市磁县、邯山区、丛台区、峰峰矿区、武安市和涉县的部分地区[1]。在这个区域内，宋元时期存在着两个制瓷中心。

一处是在滏阳河流域，以今邯郸市峰峰矿区彭城镇为中心。《嘉靖彰德府志》记载："彭城，在滏源里，居民善陶缶罂之属，或绘以五彩，浮于滏，达于卫，以售他郡。"[2]这里的窑场密布于滏阳河两岸的彭城镇地区，占地面积纵横20余华里。此外，还有富田、临水、张家楼等窑址[3]。这一带的窑业肇始于隋代，而作为传统意义上磁州窑瓷器的生产约始于北宋末到金代，元明清时期成为北方地区最重要的生产中心，一直延续到民国时期[4]，是北方在生产规模和生产模式方面可以与景德镇齐名的窑区。新中国成立以后的三四十年间，设立在彭城镇的邯郸市陶瓷工业公司[5]位列全国的八大瓷区之一，至今这里仍然是一个制瓷业中心。古窑址大部分被压在现在的城市下，破坏严重，因而开展的考古工作也相对较少。特别是在其盛烧的明清时期，相关的考古工作几乎未能开展，研究也十分浅表。

另一处是在漳河流域，即以今磁县观台窑址为中心，包括冶子、东艾口、申家庄、观兵台等一组窑场[6]。《嘉靖磁州志》卷一《坊关厢里村镇店集屯》"镇"条载："冶子镇，在土（王）城里，昔日陶冶，故名，今废。"[7]窑场相对集中地分布在漳河流出太行山出山口的冲积扇平原的顶部。漳河流出太行山，至艾口、观台一带流入平原。河道渐宽，流速趋于平稳，此地河道长期稳定，十分适合于窑业的生产，因而集中分布了这一组窑场。此外，漳河流域还有一个附属的烧造区域[8]，即漳河支流石漳渠旁的北贾壁、青碗河、青碗窑、白土等一组窑场[9]。这个区域烧造的时间很早，据20世纪50年代的调查，北贾壁窑址创烧于隋代，以烧青瓷为主[10]。通过此后的研究，发现贾壁窑烧造的时间可能早到北朝后期[11]。但这一区域位置偏远，水源不足，交通闭塞，因此烧造的时间不长，到

---

① 根据《太平寰宇记》，前揭注，王存：《元丰九域志》（北京：中华书局，1984）和《宋史》的记载，磁州原有属县四：滏阳、武安、邯郸、昭义，太平兴国元年改昭义县为昭德，熙宁六年省昭德县为镇入滏阳。又据崔铣辑：《彰德府志》卷一，《地理志》，磁州条："大明洪武元年改属彰德府，废滏阳县，南达于府十七里，东成安、南安阳、西涉、北邯郸，广一百七十里，袤一百里"。上海古籍书店影印本，1982，第28—30页。

② 崔铣辑：《嘉靖彰德府志》卷一，《地理志》，第一之二，前揭注，第30—31页。

③ 刘志国：《磁州窑的起源、发育与形成》，《河北陶瓷》1986年第4期，第40—45页。张子英：《磁县古代陶瓷工业烧造的三个区域》，《文物春秋》1992年第3期，第44—46页。

④ 郝良真：《近代磁州窑》，北京：科学出版社，2010，第2—31页。

⑤ 邯郸市陶瓷总公司：《邯郸陶瓷志》，内部印刷本，1990，第12—16页。

⑥ 李辉炳：《磁州窑遗址调查》，《文物》1964年第8期，第37—48页。秦大树：《河北省磁县观兵台古瓷窑遗址调查》，《文物》1990年第4期，第23—36页。张子英：《磁州与磁州窑》，《河北陶瓷》1985年第4期，第47页。

⑦ 明嘉靖癸丑（1553年）知州周文龙《磁州志》，上海：上海书店，1990。

⑧ 《太平寰宇记》卷之五十六，《河北道五》，"磁州滏阳县"条："漳水自林虑县界流入，有石漳渠焉。"这里所说的漳河支流应即"石漳渠"。乐史撰，王文楚点校《太平寰宇记》，北京：中华书局，2007，第1161页。

⑨ 张子英：《磁县古代陶瓷工业烧造的三个区域》，《文物春秋》1992年第3期，第44—46页。

⑩ 冯先铭：《河北磁县贾壁村隋青瓷窑址初探》，《考古》1959年第10期，第546—548页。

⑪ 如1975年发掘的北齐武平七年(576)左丞相文昭王高润墓中出土的两件青瓷碗，从胎釉和器形等方面看，均与贾壁村窑址调查中采集到的碗相似。参见磁县文化馆：《河北磁县高润墓》，《考古》1979年第3期，第235—243页。

唐代就停烧了。一直到金元时期，这里才在观台地区的影响下开始恢复生产[①]。产品的面貌也基本与漳河流域的诸窑相同。

漳河流域的制瓷中心大约始烧于唐末五代时期，宋金时期生产的范围和规模不断扩大，形成了一个众多窑户集中生产，有着相当细致分工的商品化生产的中心，代表了当时制瓷业中最高水平的生产组织形式和工艺水平。元代，这里的产品质量下降，但生产规模却达到了顶峰。入明以后，这个窑区迅速停烧，生产转移到了滏阳河流域的彭城镇。漳河流域的窑场从 20 世纪 50 年代开始先后开展过四次较为正式的考古发掘，取得了丰硕的成果，并且开展了较充分的考古学分期研究[②]，成为了解磁州窑在宋元时期从发生、发展、繁荣到衰落过程的基础资料。今天我们对磁州窑的认知主要来源于这个区域的考古发掘成果。

按照"瓷以州名"的概念，上述这些窑场就是"磁州窑"的窑场。这些窑场所生产的器物品种就应该是磁州窑的器物。

（三）磁州窑的产品种类及特点

根据历年来对磁州窑漳河流域生产区的发掘与研究，参考峰峰矿区彭城和临水一带历年来调查、发掘出土器物的情况，我们可以归纳出磁州窑应包括如下种类的器物：（1）素面白化妆瓷。这是磁州窑中的主流产品，也是数量最多的产品。（2）白釉划花。（3）白釉刻花。（4）白釉珍珠地划花。（5）白釉剔花。（6）白釉黑剔花。（7）白釉印花。（8）白釉凸线纹。（9）白地黑花。（10）白釉绘划花。（11）白地黑花加棕彩。（12）白釉模制器物和模印花。（13）白釉绿彩。（14）白釉酱彩。（15）白釉红绿彩。（16）黑釉瓷器，又包括素面黑釉、黑釉剔刻花、黑釉酱彩、黑釉铁锈花、黑釉凸线纹、黑釉模制器物等装饰。（17）棕黄釉瓷器[③]。（18）绿釉瓷器。其中又包括了绿釉划花、绿釉剔花、绿釉黑花、绿釉黑剔花、绿釉模制器物和模印花等装饰的瓷器。（19）黄釉瓷器。包括黄釉模制器物、黄釉模印花、黄釉划花等。（20）黄绿釉瓷器。其中亦包括印花、模印花、模制器物、划花和镂孔等若干小类。（21）翠蓝釉瓷器（传统上称为孔雀蓝釉）[④]。（22）绞胎及绞化妆土瓷器等[⑤]。

这里特别要提出的是白釉划花、刻花、印花，这几种装饰方法在越窑、邢窑和定窑都先于磁州窑应用，属于磁州窑学习其他窑的技术，似应排除在磁州窑典型产品之外。但是，同样的装饰技术，在磁州窑至少有两个特点：第一，这些装饰技术都是施加在化妆白瓷之上的。第二，磁州窑在这些装饰技术的应用方面，都有进一步的发展、创新，尤其是刻意强调了胎与化妆土呈色不同的对比。如在划花装饰上加施梳篦纹的地饰，更加突出了主题纹饰，成为宋金时期磁州窑最流行的装饰技法；而刻花装饰则深深地刻入胎

① 秦大树：《河北省磁县观兵台古瓷窑遗址调查》，《文物》1990 年第 4 期，第 23 — 36 页。张子英：《磁州与磁州窑》，《河北陶瓷》1985 年 4 期，第 47 页。

② 秦大树、李凯、郭三娟：《磁州窑考古与研究的百年历程》，《文物春秋》2021 年第 6 期，第 1 — 22 页。

③ 棕黄釉瓷器是北方地区比较流行的一种颜色釉瓷器，是在器物上施了白釉和黑釉两层釉形成的，具有青瓷的特征，但又有明显的不同，所以根据呈色称为棕黄釉。日本学者称为"怡釉"。参见长谷部乐尔：《磁州窑》，《陶磁大系》39，东京：平凡社，1974，第 101 页。

④ 这里所说的翠蓝釉即通常古玩界所说的孔雀蓝釉，笔者曾经讨论过这种称呼，尽管约定俗成，但似乎不合理，应以直接描述颜色的方式表达为宜。参见秦大树：《试论翠蓝釉瓷器的产生，发展与传播》，《文物季刊》1999 年第 3 期，第 59 — 67 页。另见秦大树：《元明翠蓝釉瓷器探析》，载现代科技考古研讨会文集编委会编《考古文物与现代科技》，北京：人民出版社，2001，第 86 — 98 页。

⑤ 秦大树：《磁州窑的特点及考古研究》，载张晓燕、张国英主编《磁州窑与吉州窑文化传承交流之研究：第五届国际磁州窑论坛文集》，北京：文物出版社，2020，第 141 — 165 页。

体，使花纹具有浮雕的感觉①。因此，这些仍是磁州窑具有特色的典型产品装饰技法。

从以上所列瓷器种类看，磁州窑的典型瓷器有如下特点：

1. 白化妆瓷是所有磁州窑类型瓷器的基础，从窑址发掘情况看，白化妆瓷在所有产品中占了绝大多数，是磁州窑的主流产品。

2. 在白化妆瓷之上，磁州窑的窑工们发展了各种装饰技法，从类别上可以分为：（1）胎面装饰（包括化妆土），计有划花、刻花、印花、剔花等。（2）胎体装饰，包括模制、模印等。（3）彩绘装饰，如白地黑花、白釉绘划花、白地黑花加棕彩等。（4）釉上装饰，如白釉绿彩、酱彩、红绿彩等。（5）彩釉装饰，主要指低温彩釉，如绿釉、黄釉、黄绿釉和翠蓝釉等。这些装饰技法可谓是继承和发展了南北方众多窑场之所长，包罗万象，丰富多彩。

3. 磁州窑产品以白釉瓷器为主，还有黑釉、棕黄釉、低温彩釉。各类产品都有一个特点，即将化妆白瓷的装饰技法移植于其他各种釉色的瓷器之上。如在黑釉上也采用了划、刻、剔、加彩和彩绘等方法，使宋元时期的黑釉瓷器在汉唐以来的基础上有了一个飞跃的进步，达到了历史上的高峰时期。同样，白釉瓷器上的各种装饰技法都同步移植到了棕黄釉、绿釉、黄釉、翠蓝釉等具有透明性的彩釉瓷器中，使得磁州窑表现出装饰异常丰富的特色。

4. 自从北宋中后期磁州窑开创了釉下彩绘的白地黑花装饰以后，釉下黑彩绘画装饰成为磁州窑最主要和最具特色的装饰，并产生了巨大的影响，特别是

明清时期，甚至成为了唯一的装饰。直到晚清时期，当青花瓷在全国各地普遍烧造之际，磁州窑也曾生产过青花瓷器②。

磁州窑在古代文献记载的宋元时期的著名窑场中独具风格和特色。以施化妆土为特色的粗瓷细作的工艺，丰富了陶瓷的装饰效果，也赋予了这些窑场以极强的生命力。因此，在一段历史时期内，在北方地区，甚至南方的部分地区形成了一大批以白化妆瓷为主要产品的窑场。同时，在化妆土上施加的各种装饰，尤其是磁州窑开创的釉下彩绘、釉上彩绘和彩釉装饰，形成一种黑白对比强烈、色彩鲜艳的明快、生动的装饰效果。以这种强烈的反差效果为手段，采用极自由潇洒的画风来表现民间喜闻乐见的通俗题材，形成了磁州窑特有的质朴、洒脱、明快、豪放的特色，使其深受人们的喜爱，成为一代名窑。

二、磁州窑的孕育发展与生产过程

（一）磁州窑的历史底蕴

古磁州所属的冀南豫北地区是中华文明孕育和早期发展时期的核心区域。不论是新石器时代还是夏商周时期，这里都创造出了辉煌的文明。陶瓷作为最重要的一类物质文明载体，在此区一直有着引人瞩目的生产历史。在距今8000年至7600年的新石器时代早期，这里出现了磁山文化，表现出高度的制陶工艺，以陶支脚和筒形的陶盂组成了最早的成套陶炊具③。新石器时代晚期这里则是仰韶文化后冈类型的核心地区④，后冈、石北口、下潘汪等遗址都表现出了高

① 秦大树：《试论磁州窑的民窑特色》，《文物春秋》1994年第3期，第38—46页，转51页。
② 郝良真：《近代磁州窑》，北京：科学出版社，2010，第17—36页。
③ 乔登云、刘勇：《磁山文化》，石家庄：花山文艺出版社，2006。
④ 郭济桥：《后冈一期文化研究综述》，《文物春秋》1997年第3期，第41—45页。丁清贤：《仰韶文化后冈类型的来龙去脉》，《中原文物》1983年第3期，第33—38页。

度发达的制陶水平[①]。以磁县下七垣、临城补要村等遗址为代表的先商文化[②]保持了这种高水平的制陶技艺[③]，成为商人走向强盛的基础。商代，在紧邻古磁州的安阳殷墟制作出了硬质的模制白陶器，代表了商代最高的制陶水平。

西周以后，这一区域的制陶业进入了平稳发展时期或低谷时期，此区发现较多的南方地区输入的原始青瓷[④]，本地的陶瓷器乏善可陈。西汉时期，北方地区最具特色的绿釉釉陶的生产中心在长安、洛阳一线，冀南豫北地区发现较少[⑤]。从东汉开始，低温铅绿釉陶走向衰落，仅生产少量棕黄釉或酱釉的器物。直到北魏后期低温釉才逐渐恢复起来，至东魏北齐时期进一步发展、兴盛，形成以米黄釉为特色的新的时代风格。东魏、北齐时期以邺城（今临漳）为中心形成的米黄釉釉陶生产中心，在全国独占鳌头，这里再次成为北方地区乃至全国的陶瓷生产中心区[⑥]。

以上概括的冀南、豫北地区的上古时期到南北朝时期的陶器生产历史，我们可以看到，这个区域一直

保持着很高的，甚至是顶级的制陶水平，使得这里的先民们对使用随处可见的自然界的泥土原料，经过加工和焙烧以后，制作出坚硬器具的过程有了较充分的认识。陶瓷器的生产，是人类利用火对泥土加热焙烧的化学反应，将一种具有天然属性的物质，改变成另一种适合人类使用的物质的化腐朽为神奇的创造性活动。冀南地区长期的陶器生产，使先民们对这一过程有了充分的了解和认知，并有了深厚的技术积淀。尽管把后世的磁州窑与数千年前的磁山文化、仰韶文化相联系，会让人感到有些牵强[⑦]，但不可否认的是，这种持续的、不断提高技艺的人工改造物质自然属性的生产过程，为人们认识和了解自然，构建征服自然的意愿，努力改善生活建立了思想观念，积累了工艺技术基础。因此，我们在追溯磁州窑的历史渊源和工艺基础时，上推到当地早期的陶器生产是具有合理性的。

东汉晚期，成熟瓷器率先在浙东的曹娥江流域创制。此后的数百年，瓷器的生产中心一直集中在

① 中国社会科学院考古研究所安阳发掘队：《1971年安阳后冈遗址发掘简报》，《考古》1972年第3期，第14—25页转66—68页。中国社会科学院考古研究所安阳发掘队：《1972年春安阳后冈遗址发掘简报》，《考古》1972年第5期，第8—19页转第65—67页。河北省文物研究所，邯郸地区文物管理所：《永年县石北口遗址发掘报告》，载河北省文物研究所编《河北省考古文集》，北京：东方出版社，1998，第46—105页。河北省文物管理处：《磁县下潘汪遗址发掘报告》，《考古学报》1975年第1期，第185—214页。

② 北京大学等：《1957年邯郸发掘简报》，《考古》1959年第10期，第531—536页转第588页。河北省文物管理处：《磁县下七垣遗址发掘报告》，《考古学报》1979年第2期，第185—214页转第273—278页。河北省文物管理处：《磁县界段营发掘简报》，《考古》1976年第6期，第356—363页转第412—413页。北京大学考古文博学院等：《河北临城县补要村遗址北区发掘简报》，《考古》2011年第3期，第3—15页；北京大学考古文博学院等：《河北临城县补要村遗址南区发掘简报》，《考古》2011年第3期，第16—29页。

③ 邹衡：《夏商周考古学论文集》，北京：文物出版社，1980，第95—182页。李伯谦：《先商文化探索》，载本书编写组：《庆祝苏秉琦考古五十五年论文集》，北京：文物出版社，1989，第280—290页。

④ 汤毓赟：《从北方原始瓷出土情况看南北方文化交流》，《中原文物》2012年第1期，第12—25页，转76页。袁瑗：《北方地区出土西周原始瓷研究》，吉林大学硕士学位论文，2016年。

⑤ 张鸿亮：《中原地区出土西汉原始青瓷相关问题》，《华夏考古》2021年第5期，第68—73页。

⑥ 李江：《河北省临漳曹村窑址初探与试掘简报》。陈岳等：《临漳曹村窑址出土样品初步研究》，载赵学锋主编《磁州窑面向国际》，石家庄：河北美术出版社，2011，第58—65页，第66—70页。河北省文物研究所：《河北临漳县邺南城倪辛庄窑址调查报告》，《文物春秋》2018年第2期，第30—39页。黄信：《河北邺城地区陶瓷窑址调查报告》，《文物世界》2018年第1期，第45—53页。

⑦ 王舒冰：《磁山文化和磁州窑》，《河北陶瓷》1988年第2期，第37—39页。

南方地区。直到北朝末期，瓷器生产的技艺才传播到北方地区[1]，北朝末到隋代的时期北方出现了四个瓷器生产中心：河南巩义，河南相州窑及邺城周边地区的诸窑场，位于河北内丘、临城的邢窑，山东淄博到枣庄一带的窑场[2]。

地近北魏都城洛阳的河南巩义窑，这里的生产有可能早到北魏的最后数年，但生产规模很小，只有白河窑一处在生产[3]，随着北魏灭亡旋即停烧了，直到隋代洛阳又一次成为统治中心时才再次生产。巩义窑的创烧时间学界仍有争议，相关的分期研究仍需进一步深入，才能确定其生产时间是否可以早到北魏末[4]。

以东魏北齐都城邺城为核心的瓷器生产区域，包括了邺城南部的相州地区和邺城周边的众多窑场[5]。生产时间可以前推到东魏，北齐时已具有相当的生产规模和水平。这里有可能是北方地区最早的瓷器生产中心，有多达几十处窑场在生产[6]，产品有青瓷和米黄釉陶器[7]，可以肯定地说，这里是最早创烧白瓷的地点之一。关于这个生产区的命名目前还没有统一的称谓，可以用传统的相州窑来代表。在古磁州境内临水、贾壁等地发现的北朝到隋代零星分布的几处窑场，都属于这个中心的制瓷地点。通过对相州窑的考

古学研究，可知相州窑在北朝末期创烧以后，迅速达到了生产的高峰时期，以青瓷和釉陶为主要产品；隋代时保持了相当高的工艺水平，产品质量大体等同于巩义窑和邢窑，白瓷已经完全成熟，相州窑、巩义窑和邢窑共同创造了隋代辉煌的白瓷生产成就。但进入初唐时期，相州窑就迅速衰亡了[8]，古磁州境内分布的几处青瓷窑址的时代脉络与相州窑相同。尽管这段历史十分短暂，但标志着这个区域完成了从陶到瓷的转变，为唐末五代出现的磁州窑积淀了工艺基础。然而，这段时间的产品与后来出现的以化妆白瓷为主流产品的磁州窑属于不同的工艺技术体系。因此将隋代认定为磁州窑的创烧时间并不合理，特别是从初唐停烧到唐末再次兴起，相隔了300年左右的时间，二者没有传承关系，磁州窑的历史不能上推到隋代。但古磁州境内的早期制瓷业对磁州窑的创烧和发展贡献了工艺基础。

（二）宋元时期磁州窑的兴衰历史

宋元时期是磁州窑创烧发展的时期，创造了辉煌的历史，也是古代谈瓷文献所说磁州窑的主要生产时期。通过对观台窑址和冶子窑址的多次考古发掘[9]和分期研究[10]，我们可以将宋元时期磁州窑的生产历

① 中国社会科学院考古研究所洛阳汉魏故城队：《河南洛阳市北魏洛阳城津阳门内大道遗址发掘简报》，《考古》2009年第10期，第49—58页。刘涛，钱国祥：《北朝的釉陶、青瓷和白瓷——兼论白瓷起源》，载中国古陶瓷研究会编《中国古陶瓷研究第15辑》，北京：紫禁城出版社，2009，第41—59页。

② 也有学者从工艺技术的角度将北朝的瓷器产区分为徐兖、青齐、相州三区。张勇盛：《北朝时期窑业技术的初步研究》，《东南文化》2016年第2期，第91—102页。

③ 河南省文物考古研究所等：《河南巩义市白河窑遗址发掘简报》，《华夏考古》2011年第1期，第7—21页。

④ 李鑫：《早期白瓷的考古学研究》，北京大学博士学位论文，2017。

⑤ 秦大树：《河北省磁县观兵台古瓷窑遗址调查》，《文物》1990年4期，第2336页。

⑥ 李江：《河北省临漳曹村窑址初探与试掘简报》，陈岳等：《临漳曹村窑址出土样品初步研究》，载赵学锋主编《磁州窑面向国际》，石家庄：河北美术出版社，2011，第5865页，第6670页。河北省文物研究所：《河北临漳县邺南城倪辛庄窑址调查报告》，《文物春秋》2018年第2期，第3039页。黄信：《河北邺城地区陶瓷窑址调查报告》，《文物世界》2018年第1期，第4553页。

⑦ 王建保等：《河北临漳县曹村窑址考察报告》，《华夏考古》2014年第1期，第24—29页。

⑧ 李鑫：《早期白瓷的考古学研究》，北京大学博士学位论文，2017。

⑨ 北京大学考古学系等：《观台磁州窑址》，北京：文物出版社，1997。

⑩ 秦大树：《磁州窑的分期研究》，北京大学硕士学位论文，1988。前揭《观台磁州窑址》，第462—536页

史分为创烧、发展、繁荣、衰落四个阶段[①]。此时的磁州窑是以漳河流域窑场为代表的。滏阳河流域的窑场大约要到北宋末到金代才开始生产[②]。

1. 磁州窑的初创时期

唐末五代到北宋前期是磁州窑的初创阶段，时代从9世纪末到11世纪中叶[③]。这个时期只有漳河流域的少量窑场在生产。可以确知的有观台和冶子窑址，且生产规模不大。此时磁州窑主要生产最基本的日常生活用品，包括碗、盘、罐、瓶、香炉等以及各种小型器物[④]。特点是器类较少，器物的个体都比较小。此时素面的化妆白瓷是最主要的产品，在同期的产品中占比超过90%，另有黑釉瓷和少量的棕黄釉瓷。其釉色都非常晶莹光亮，正烧的白釉大部分略泛黄绿色，黑釉一般都漆黑光亮，这是以柴为燃料，采用裸烧法装烧器物的表征。只有少量精品器物采用匣钵装烧[⑤]。胎色一般较深，呈灰、灰褐或灰黑色，胎质一

般较细腻，烧结较坚致。这一时期带装饰的器物很少，总体上不及5%；装饰技法主要有划花、刻花、印花等学自定窑、越窑的装饰技法；还有北方地区化妆白瓷上流行的白釉绿彩[⑥]、白釉酱彩、黑釉白边装饰等；新开创了仿金银器装饰的珍珠地划花[⑦]、白釉剔花[⑧]。纹饰的图案主要有半圆形团花、云头形团花、菊瓣纹、连续忍冬纹等，大多仿金银器上流行的纹样。

自晚唐以来，白瓷生产开始分野，不施化妆土的精细白瓷和化妆白瓷根据自身的特点开创了不同的装饰技法。其中精细白瓷以邢窑、定窑为代表，创烧的时间早于磁州窑[⑨]，而化妆白瓷则以磁州窑为代表。实际上，北方地区有许多以化妆白瓷为主要产品的窑场，有些创烧的时间比磁州窑还早，有些装饰技法，如白釉绿彩、白釉酱彩和珍珠地划花等装饰的创制还要早于或与磁州窑同时[⑩]。然而，这些窑场并未被古代的谈瓷文献所记载。磁州窑由于明代在北方地

---

① 秦大树：《简论观台窑的兴衰史》，《文物春秋》中国古陶瓷学术讨论会特刊，1997，第 81 — 92 页。

② 赵立春：《彭城磁州窑大遗址保护调查》，北京：九州出版社，2010。

③ 1987 年发掘观台窑址的第一期，分为前后段，时代断为第一期前段：10 世纪后半叶，大体从五代末、北宋初年到真宗朝以前，包括太祖、太宗两朝，不早于后周 (10 世纪中期—至道三年，997 年)。第一期后段：11 世纪前半叶，即真宗朝到仁宗庆历年间 (998 — 1048)；第一期对应磁州窑的初创时期。2015 年发掘冶子窑址，在最早的地层中发现了早于观台窑第一期前段的器物，特别是出土了一些不施化妆土的饼足淡青釉碗 (发掘者称为青白釉)，发掘者将地层定为唐、五代时期，并特别强调了发现了唐代的地层，但未说明是唐代的哪个时期。同类的淡青釉器物在唐末五代时期的耀州窑和定窑均有生产，由于地层中出土的主要器物均为五代时期的产品，因此最早地层的上限可早到唐末时期 (9 世纪末期)。据此，磁州窑的初创时期可以上溯到唐末。参见前揭《磁州窑冶子窑址》，第 189 — 190 页。

④ 这类小型器的功用，一部分是玩具，一部分是明器。在距观台窑不远的安阳发现了一座北宋初期的土洞墓，其中就出土了许多这种小型器物。见中国科学院考古所安阳工作队：《河南安阳西郊唐、宋墓的发掘》，《考古》1959 年第 5 期，第 242 页。

⑤ 秦大树：《磁州窑研究》，北京大学博士学位论文，1997，图十四。

⑥ 秦大树：《论磁州窑的白釉绿彩装饰及其源流》，载乔登云主编《追溯与探索——纪念邯郸市文物保护研究所成立四十五周年学术研讨会文集》，北京：科学出版社，2007，第 317 — 331 页。

⑦ 秦大树，贾宁：《论珍珠地划花装饰瓷器》，载北京艺术博物馆编《中国古瓷窑大系·中国登封窑》，北京：中国华侨出版社，2014，第 256 — 287 页。

⑧ 秦大树：《白釉剔花装饰的产生、发展及相关问题》，《文物》2001 年第 11 期，第 67 — 84 页。

⑨ 河北省文物考古研究院等：《邢窑》，北京：科学出版社，2021。北京大学考古文博学院等：《河北曲阳北镇定窑遗址发掘简报》，《文物》2021 年第 1 期，第 27 — 56 页。

⑩ 如河南登封窑，新密西关窑，鲁山段店窑，鹤壁集窑以及山西的以泽州窑为代表的部分窑场。

区的重要地位，被明代的文献记录了下来，成为唯一列入宋代名窑的以化妆白瓷为主要产品的窑场①。因此，我们应该把磁州窑视为北方广大地区分布的化妆白瓷窑场的一个代表。在磁州窑的研究中涉及的地域范围很广，关联的窑址众多。这是磁州窑研究中不容忽视的一个重要特点。

数十年的陶瓷考古工作使我们认识到宋元时期北方地区生产化妆白瓷的窑址数以百计，如孕育了天青色汝瓷的宝丰清凉寺窑址②和钧窑的核心产地禹州神垕的诸窑址③，都生产了相当数量的化妆白瓷。化妆白瓷是当时北方的主流产品，即便是精细白瓷的代表性窑场定窑，在其生产历史中也一直在烧制化妆白瓷④。而磁州窑则在北宋后期到金代的阶段大量生产不施化妆土的精细白瓷。精细白瓷和化妆白瓷二者互相渗透，以便在商品生产中满足不同用户的需求。因此，我们可以将北方地区宋元时期的窑业划分为几个区域：①北宋时最发达的河南中西部地区，代表窑场有新密西关窑、登封曲河窑、鲁山段店窑等，以往都被称为磁州窑系的窑场。②太行山南段东南麓地区，包括了河北磁州窑，豫北的安阳地区；河南鹤壁窑，包括了至少四十几处窑址；河南焦作以当阳峪窑为代表的生产中心，包括了80余处窑址。③山西地区，这个区域至少有上百处窑址，尽管山西的窑业又可以分为若干个小区，但主流产品大都是化妆白瓷，产品也都被列入磁州窑系。④山东的淄博到枣庄一带的诸

窑场⑤。因此，磁州窑是晚唐时期瓷器使用普及，制瓷业大发展期间出现的一个制瓷中心，早期的产品质量不高，生产地位也并不重要。

2. 磁州窑的发展成熟时期

北宋中期的神宗朝到金代海陵王朝之前（1068—1148），磁州窑进入了发展时期，也是磁州窑典型风格的形成时期。

这时期的器型变得丰富，除了碗、盘等日用器，开始出现一些件头较大的器物，一般制作工整，造型柔和优美。其中花口长颈瓶、梅瓶、筒形罐、深腹钵等都是磁州窑所特有的器型，名传遐迩的磁州窑瓷枕这一阶段在数量和种类上也大大增加了。釉色仍以白釉、黑釉为主，开始出现低温绿釉和黄绿琉璃器，棕黄釉瓷器消失了。这一时期观台窑烧制了仿定窑的精细白瓷和细黑瓷。白釉呈直白色或粉白色，十分光润。黑釉瓷器大多釉色不纯，在黑色与酱色相交处常有兔毫状结晶，十分流行在黑釉上洒斑花彩料的黑釉酱彩装饰。这个阶段是黑釉器发展的一个高峰。器物的胎色变浅，呈灰白、灰褐或浅褐色，火候较高，细腻坚致。这个阶段是观台窑瓷器质量最精良的阶段。

本期工艺技术最重要的进步是开始使用煤为燃料，这在当时是领先的技术，北方地区只有少量生产水平最高的窑场在北宋时期开始使用煤为燃料。装烧采用匣钵装烧，使用分体的细小三角形支钉间隔。因此，在碗、盘的内底部都有三至五枚细小的纵向支钉

① 有关磁州窑的最早记述，见于明洪武年间曹昭所撰的《格古要论》上。见曹昭：《格古要论》，卷中，《古窑器论》，文渊阁《四库全书》，中国台北：商务印书馆，1983，第 871 册，第 107 页。明代文献还有嘉靖年间的《宋氏家规部》卷之四，"窑类"条等。见宋诩：《宋氏家规部》，北京：书目文献出版社，1988，第 51 页。
② 河南省文物考古研究院、宝丰汝窑博物馆：《宝丰清凉寺窑》，北京：科学出版社，2020，第 59 — 60 页。
③ 北京大学中国考古学研究中心等：《河南省禹州市神垕镇刘家门钧窑遗址发掘简报》，《文物》2003 年第 11 期，第 26 — 52 页。
④ 河北省文物研究所、北京大学考古文博学院、曲阳县定窑遗址文保所：《河北曲阳县涧磁岭定窑遗址 A 区发掘简报》，《考古》2014 年第 2 期，第 3 — 25 页。
⑤ 秦大树：《宋元时期制瓷业研究的新视角——区域性和阶段性研究》，载罗覃编（Thomas Lawton Ed.）：《全球化背景下的考古学新前沿：解读中国古代传统》，（美国）AMS 艺术、科学和人文基金会（AMS Foundation for the Art, Sciences and Humanities），第 203 — 217 页，2008，Washington, DC.

痕，精致的薄胎器物还使用漏斗形匣钵单烧法和支圈覆烧法。胎釉原料的选择、加工配制都比以前大大进步[1]，与当时的名窑，如定窑、汝窑的工艺大体在同一水平上。

此期的装饰技法有了重大的发展。早期流行的白釉绿彩和珍珠地划花在本期逐渐减少并消失，白釉酱彩和白釉剔花先后成为这阶段流行的装饰技法。新出现了白釉篦地划花、白釉黑剔花、白地黑花、白釉绘划花和半浮雕式的模印花，以及黑釉凸线纹、黑釉酱彩、绿釉剔花、绿釉黑剔花等。这些技法逐渐成为磁州窑典型的装饰，是磁州窑独特风格的重要体现。磁州窑发展时期的一个重要的技术进步是被称为"斑花"的铁矿石彩料应用与发展成熟。北宋中后期开始以斑花彩料与其他原料配制成了黑色化妆土，创制了具有最强烈反差的白釉黑剔花装饰[2]。特别是用斑花彩料调制成了很稀的彩浆，用毛笔在釉下绘制纹样，开创了白地黑花这一磁州窑的典型装饰，这是全国最早的釉下彩绘装饰，以瓷面作纸面，成功地将中国的书法和绘画艺术应用到瓷器装饰当中，开创了瓷器装饰的新纪元[3]。

这一时期磁州窑生产的精细白瓷和细黑瓷均精工制造，胎体薄俏，造型挺拔。仿定白瓷与北宋中期的定窑瓷器风格十分相似，并将这种风格一直保持到金代，造型也与景德镇青白瓷相似；细黑瓷则主要是茶器，是当时最高档的器具，黑釉酱彩的工艺也学自定窑[4]，兔毫盏出现的时间甚至早于建窑。这类器物的生产体现了磁州窑不拘于一种风格，博采众家之长，

不断地向周围窑场学习先进的工艺技术，并用较简便的方法来生产社会上流行器物的特色[5]。同时，磁州窑也在当时社会风习的影响下，力图生产一些精致的产品，使本身的产品也拉开档次，以适应不同阶层的需求，体现了商品生产的特征。

北宋晚期，陶瓷生产出现了色彩纷呈的局面，商品生产的发展及商品竞争的法则，促使各地的窑场不仅学习其他窑的先进技术，还大力发展自己的特点。尤其是北宋末年的徽宗朝，对玩物陈设大力追求，刺激了各地窑场生产精品，创制新的装饰工艺。当时定窑、耀州窑、景德镇等窑均十分兴盛，而汝窑、钧窑等精美的瓷器也已创始并迅速发展。正是在这一阶段，磁州窑逐渐形成自己独特的风格。由于胎色变浅，此时白釉剔花的效果已不如早期那样反差强烈，但却产生了一种素雅的效果。同时，磁州窑又创造了黑剔花，黑白分明，配合此时开始流行的大朵的花朵结合缠枝花图案，造成一种既工整又不拘谨，既明快生动又朴素典雅的效果，极具魅力。黑剔花装饰的制作极费工本，但当时的风习造就了为得精品而不惜工本的时尚，使其得以流行。受黑剔花强烈黑白对比的启发，磁州窑又创造了白地黑花，成功地将中国的绘画和书法艺术应用到瓷器装饰上，构成了磁州窑独特的风格和魅力[6]。在生产精品方面，磁州窑采取了两种方式，一种是仿当时备受士人欣赏的定窑、景德镇窑瓷器；另一种则是在本身的特色产品上努力开发精品。磁州窑在这两方面都是成功的。

这时磁州窑的生产规模和影响也扩大了，以观

---

① 陈尧成、郭演仪、刘立忠：《磁州窑黑褐彩瓷用原料研究》，《陶瓷学报》1988 年第 1 期，第 29 — 36 页。陈尧成、郭演仪、刘立忠：《历代磁州窑黑褐色彩瓷的研究》，《硅酸盐通报》1988 年第 3 期，第 1 — 10 页。

② 蒉丰：《白釉釉下黑彩划花的磁州窑瓷器》，《上海博物馆集刊第 6 期》，上海：上海古籍出版社，1992，第 273 — 285 页。

③ 秦大树：《磁州窑白地黑花装饰的产生与发展》，《文物》1994 年 10 期，第 48 — 55 页转 42 页。

④ 秦大树：《论磁州窑与定窑的联系和相互影响》，《故宫博物院院刊》1999 年第 4 期，第 43 — 56 页。

⑤ 秦大树：《试论磁州窑的民窑特色》，《文物春秋》1994 年第 3 期，第 38 — 46 转第 51 页。

⑥ 刘涛：《"磁州窑类型"几种瓷器的年代与产地》，《故宫博物院院刊》2003 年第 2 期，第 56—69 页。

台为中心，又出现了东艾口、观兵台等一系列窑场。从这个时期起，磁州窑开始对周边地区的窑场产生影响。河南、山东、山西的许多窑场都在用磁州窑首创的工艺生产，如白釉篦地划花、黑剔花、白地黑花等。尽管磁州窑在这一时期已形成独特风格，但仍然是一个产品主要面向民众的窑场，其地位无法与地近东、西两京的河南中西部地区窑场相比。

1987 年发掘观台窑址时，清理了北宋末期的属于一个窑主的 4 座连为一组的烧瓷窑炉，一座体量很大的釉灰窑，直径近 9 米的专门加工化妆土的大型石碾槽，还在窑址周边地区发现了漏泽园墓葬。可以看到，在观台窑这一面积达 50 万平方米的巨大窑场中，有许多由一个窑户和若干个坯户组成的生产组合，也就是古代文献中所说的一个"窑"。同时，窑场中有专门配釉和加工化妆土的作坊，并且在窑场中存在着雇工生产的现象[①]。这些现象表明当时的观台窑是一种常年生产、规模宏大、分工明确的商品化生产的制瓷中心。在宋金时期，具有这种生产规模和商品化程度的窑场还有河北曲阳定窑、河南宝丰清凉寺窑、景德镇湖田窑等，都是当时工艺最先进，产品质量最精良的生产中心。这些窑场具有发达的商品生产模式，较高水平的生产组织形式，也是晚唐到宋代以来商品生产大发展的体现。与之对应的则有河南禹州神垕镇西南部零散分布的许多规模不大的小窑场[②]，江西抚州市金溪窑等[③]。其具有在不大的区域内由一个生产组合完成从采掘、备料、成形到烧成的制瓷全过程的低效率的生产方式，有些还明确地具有农忙种田、闲时生产瓷器的特点[④]。因此，磁州窑在这个时期的生产模式和工艺水平都居全国领先地位。

3. 磁州窑的繁荣时期

从金代海陵王天德元年（1149）开始到蒙古军队占领磁州的金兴定三年（1219），是磁州窑的繁荣时期，在产品的多样、装饰的丰富和纹饰的复杂等方面都达到了鼎盛。在整个金代制瓷业的产业配置中，磁州窑也居于最重要的地位[⑤]。现以观台窑为例检视其具体表现为：

第一，观台窑在产品种类上有了重要发展。除了日常生活用瓷以外，大量出现艺术性陈设用瓷、宗教用瓷和建筑用瓷。器物的种类和型式的数量达到了巅峰[⑥]，具有典型磁州窑风格的梅瓶、花口长颈瓶和瓷枕的数量增加，占了很大比例。器物的形态多姿多彩，总体风格变得坚挺棱角分明，又不乏曲线之美，显得挺拔而秀美。

第二，此期釉色种类丰富多样。器物的釉色组合仍以白釉为主，低温釉的绿釉、黄釉瓷和黄绿琉璃大量出现，居总数的第二位。黑瓷的比例下降，釉色

① 秦大树：《磁州窑的生产方式初探——考古发现的窑业遗迹所体现的生产模式》，载中国古陶瓷学会编《中国古陶瓷研究第 16 辑》，北京：紫禁城出版社，2010，第 117 — 136 页。

② 秦大树、赵文军：《钧窑研究、发掘与分期新论》，载河南省文物考古研究所等编《2005 中国禹州钧窑学术研讨会论文集》，郑州：大象出版社，2007，第 7 — 38 页。

③ 陈定荣、李宗宏：《金溪县的两处古瓷窑》，《江西历史文物》1982 年第 4 期，第 25 — 30 页。赖祖龙、何财山、吴泉辉：《金溪县窑里宋元窑址》，《中国考古学年鉴·2009》，北京：文物出版社，2010，第 230 页。

④ 南宋时期心学的代表人物陆九渊为金溪人，他在《与张元鼎》一文中描写了本地陶瓷器生产者的情况："金溪陶户，大抵皆农民于农隙时为之，事体与番阳镇中甚相悬绝。今时农民率多穷困，农业利薄，其来久矣。当其隙时，藉他业以相补助者，殆不止此。邦君不能补其不足，助其不给，而又征其自补助之业，是奚可哉？"说明了农忙种田，农闲生产瓷器的生产模式。陆九渊：《与张元鼎》，《陆九渊集》卷一〇，北京：中华书局，1980，第 132 页。

⑤ 秦大树：《金代磁州窑的繁荣及其原因探讨》，载北京大学考古文博学院编《考古学研究（五）：庆祝邹衡先生七十五寿辰暨从事考古研究五十年论文集》，北京：科学出版社，2003，第 990 — 1012 页。

⑥ 秦大树：《磁州窑研究》，北京大学博士学位论文，1997，图十三。

不纯,质量远不如第一期的。新出现了釉上红绿彩瓷,在器物群中仿定器和彩釉瓷、彩绘瓷的比例增加。白釉一般呈直白或卵白色,很少开片,发半木光,绝大部分器物施半釉。胎色变深,主要呈棕灰、棕褐和灰褐色,胎质相比北宋变粗。总体特征是釉色多样,但质量不高。

第三,磁州窑的装饰技法以这一时期最全面丰富,带装饰的器物比例大增。最流行的是白釉篦地划花,其他如白地黑花、白釉绘划花、浮雕式的模印花、模制器物都很流行。此外还有白釉剔花、白釉黑剔花、白釉酱彩、绿釉划花、绿釉剔花、绿釉黑花、绿釉黑剔花和黑釉凸线纹、红绿彩绘[1]等。特别是磁州窑最典型的装饰白地黑花、白釉绘划花在本期发展成熟,绘法流畅,呈色稳定。

第四,金代的纹饰图案也最丰富。流畅的缠枝花卉,丰满的折枝花卉分别应用在不同造型和尺寸的器物上,放弃了仿金银器的装饰,形成了适合瓷器的装饰风格。边饰则流行连续回纹、潇洒流畅的卷草纹、连续忍冬纹等,时代特征明显。流行福寿题材和其他吉祥含义的纹饰,如以"福"字、小鹿(寓意禄)和寿星及蕉叶、龟、鹤表示福禄寿题材。此外,还有大量的诗、词、吉语等书法题材,特别是反映各种日常生活场景的婴戏纹,表现求子寓意,在同期各地的窑场中独有;还有动物纹饰,如鱼、兔、鹿、鹤、鸭、花草蜂蝶、绶带狮子和龙、凤等。其内容、形式的广泛和丰富为其他时期所不及,也是同期其他窑口所不可比拟的。

第五,工艺技术继续进步。装烧方法主要有三角形支钉叠烧、匣钵单烧、覆烧、器物搭烧。以煤为燃料的技术普及成熟,使窑炉的窑室面积增大,窑温相应提高,烧成效率提高。本期还出土了数量众多、形态各异的各种模范,表明模制成形技术的发展和成熟。

综上,磁州窑在金代中后期从造型的丰富,釉色、装饰技法和纹样的多样等诸方面都达到了全面繁荣,表现出多姿多彩的总体面貌。以煤为燃料的烧成技术、模制成形技术和对器物装饰的各种技术均发展成熟,精美的黑剔花刻填、大个的龙纹大盆、花口长颈瓶等杰作屡见不鲜。尽管从胎、釉的情况看,瓷器的质量有所下降,不及北宋中后期,但从各方面的丰富多样上看,本期的面貌给人一种目不暇接的繁荣兴旺景象。磁州窑那种潇洒飘逸、自由豪放,并带有浓郁民间气息的典型风格已渗透到各种产品当中,这种独特的风格达到了繁荣的顶峰[2]。

金海陵王迁都中都(今北京西南部),大力推行汉化政策,北方地区的制瓷业得到了全面的繁荣发展。原来依托北宋东、西两京汴梁和洛阳形成的河南中西部地区的瓷器生产区,曾经是全国制瓷业的中心,这时地位迅速衰落[3]。而地近金中都,并有便利交通的定窑和磁州窑成为金代的制瓷业中心。磁州窑的瓷器较多地在金中都被发现,精美的龙纹梅瓶和大盆,高规格的建筑脊饰等,表明这时磁州窑的部分产品是用于贡御的。磁州窑在金王朝制瓷业的配置中具有很高的地位。其取代了北宋时期河南中西部地区的地位,成为金代北方地区乃至全国制瓷业中最重要的中心之一。这是磁州窑生产历史上第一个辉煌时期,体现了手工业中心对政治、经济、文化中心的依附性和随其转移的特点。

4.磁州窑的衰落时期

[1] 秦大树、马忠理:《论红绿彩瓷器》,《文物》1997年第11期,第48—63页。

[2] 秦大树:《宋元时期北方地区陶瓷手工业装饰工艺的成就及其所反映的问题》,载北京大学中国传统文化研究中心编《文化的馈赠—汉学研究国际会议论文集》,北京:北京大学出版社,2000,第315—334页。

[3] 秦大树:《宋元明考古》十,《宋元明制瓷业手工业的考古发现与研究》,北京:文物出版社,2004,第275—295页。

金兴定三年（1219），蒙古军队占领了磁州①，这一地区经历了几十年的世侯统治，社会经济遭到重创，直至漳河流域停止瓷器生产的元末明初时期，这是磁州窑生产的衰落时期，或曰低谷时期。

这一时期，金代后期丰富多彩的品种重新变得单调了，仍然只生产碗、盘类生活用瓷，其中又以粗厚笨重的大碗为多。釉色以白釉、黑釉占了绝大多数，新出现了翠蓝釉和钧釉器。钧釉器在元代后期有较大量的生产。这个时期有一个重要的变化，即蒙古时期到元代前期白瓷极多，但到了元代后期(14世纪)，黑瓷则大为增加，进入了第二次生产高峰，数量破天荒地超过了白瓷。白釉一般明显泛黄色，发木光或半木光，胎体厚重，胎色呈灰褐或褐色，胎质较粗，但十分坚硬。仿定窑的精细白瓷停烧了。黑釉在元代后期很发达，制作精致，非常光亮，但釉色很杂，从酱紫色、墨绿色到漆黑色都有，大部分都采用了黑釉酱彩或铁锈花的装饰。装烧开始采用石英砂堆支烧，在碗、盘的底部有五六块粉状的石英砂堆痕，在器物的修坯、挖足等方面制作极为草率，这是产品生产粗陋的表现。

此期的装饰也很单调，除了少量白釉划花外，绝大部分是白地黑花。元代后期则十分流行黑釉酱彩和铁锈花。纹饰图案出现两种趋势：（1）白地黑花装饰开始用于碗、盘和盆类等大宗器物，但图案变得简单而草率，一般用黑彩在碗、盘内画双环纹和草书文字，有少数简单的散草纹。这表明白地黑花装饰已从高档精品装饰转化为普通大宗产品上的装饰，同时纹饰图案衰落，是普及与衰落的同步体现。（2）在大件的瓶、罐、盆，特别是瓷枕上，流行白地黑花、白釉绘划花和白地黑花加棕彩的装饰。纹饰继承了金代流畅写实和丰富多样的题材，一方面较多地出现程式化的龙、凤和鱼藻纹②；另一方面则表现内容复杂的杂剧、历史故事题材和摹画大型山水人物画③，书写长篇诗词歌赋④。图案变得复杂繁缛，表现力也更强，但后一类纹样数量很少。元代的总体面貌表现出制作上的粗陋和草率。

尽管磁州窑在元代表现出产品质量的急剧下降，但产量却大大增加。漳河流域的各窑址在这一阶段的产品遗留最多，生产范围最大，又出现了南莲花、荣华寨、都党等窑址。观台窑址这一时期的范围至少比北宋时期扩大了一两倍⑤。以彭城为中心的窑场这时期也十分兴盛，尽管彭城未开展过大规模的考古工作，但在今彭城镇一带的很大范围内，遍布这个时期的瓷片，数量惊人。从对窑炉和装烧方法的研究可见，此期窑炉体积巨大，火候很高，特别强调产量，生产的规范化和分工合作也保持了高水平⑥。

同时，该时期磁州窑的产品运销范围迅速扩大，影响也更加广远。在对元大都居民区进行考古发掘

---

① 脱脱等撰《金史》卷十五《宣宗本纪》："（兴定三年十一月）己亥，大元兵徇彰德府。"北京：中华书局，1975，第348页。

② 马小青、李六存：《磁州窑四系瓶》，天津：天津古籍出版社，2004。

③ 赵学锋：《磁州窑工匠画向文人画装饰演变初探》，载赵学锋主编《磁州窑装饰题材研究——第三次国际磁州窑论坛文集》，石家庄：河北美术出版社，2015，第3—10页。

④ 王兴：《磁州窑诗词》，天津：天津古籍出版社，2004。马小青：《宋金元磁州瓷枕上的文字装饰及断代》，载赵学锋主编《磁州窑装饰题材研究——第三次国际磁州窑论坛文集》，石家庄：河北美术出版社，2015，第162—171页。

⑤ 秦大树：《磁州窑研究》，北京大学博士学位论文，1997，第193—196页。

⑥ 秦大树:《磁州窑窑炉研究及北方地区瓷窑发展的相关问题》，载北京大学考古学系编《考古学研究（四）》，北京：科学出版社，2000，第266—299页。

中，出土瓷片数万件，其中 40% 是磁州窑瓷器①。元代宫城和官衙中也曾出土许多磁州窑瓷器②。这表明磁州窑的瓷器成批供应大都，并为宫廷、官府和平民所广泛使用。磁州窑产品的流布也极其广远，北到西伯利亚③，南到长江以南的各地④。辽宁绥中沉船，出水了大批磁州窑器物，是批量外运的瓷器商品⑤。产量的增加和销路的扩大，二者互为因果。这时期磁州窑的产品还大量外销，韩国新安沉船⑥、菲律宾玉龙号沉船都有出水⑦。江苏太仓樊村泾元末明初的大型仓库遗址⑧、非洲的格迪古城遗址都出土了磁州窑的瓷器⑨。元武宗以后，观台窑的制瓷水平稍有回升，一些用匣钵单烧的黑釉器，釉色润泽，器物的拉坯、利坯都比较规整。但从整体看，漳河流域窑场呈现出明显衰落的现象，器类、釉色都十分单调，装饰简单、草率。有些窑场则变成以烧钧瓷为主。

蒙古军队攻占中原，给当地的生产秩序以沉重打击。整个北方制瓷业都呈现出衰落的景象，制品粗厚笨重，不讲究艺术的美。磁州窑也不例外，精致的定窑型瓷器停烧，颜色釉骤减，装饰草率简陋，产品的质量急剧下降。同时磁州窑在这时却产量大增，传输广远。造成这种现象的原因可能是南方瓷器的大量北运，强烈冲击了北方的精品市场，北方地区的诸窑场放弃了生产小件的精致产品，如定窑停止了生产细薄的白瓷⑩，耀州窑停止了生产艾青色刻花瓷⑪，磁州窑也停止了生产高端产品。这些窑场改生产主要供下层民众使用的日常用瓷，以及不适于远途运输，又无特别艺术要求的粗重的瓶、罈、罐、盆类器物。

因为磁州窑地近元大都的有利地理位置，丰富的资源和此前已形成的相当雄厚的制瓷基础，使磁州窑在元代可能成为向官府贡瓷的窑场，彭城生产的铭刻"内府"铭的梅瓶和罐就是代表⑫。只不过其与景德镇窑和龙泉窑有所分工，景德镇窑主要生产各种小件的

---

① 李德金、蒋忠义、关甲堃：《宋元彩绘瓷》，《景德镇陶瓷》中国古陶瓷研究专辑，（第二辑），1984 年，第 199 — 206 页。

② 龙霄飞：《简析元大都遗址出土的元代瓷器》，《北京文博》2000 年第 3 期，第 63 — 67 页。宋蓉：《北京地区元代瓷器发现与研究述评》，《文物春秋》2014 年第 4 期，第 3 — 9 页。

③ 《C.B. 吉谢列夫通讯院士在北京所作的学术报告》，《考古》1960 年第 2 期，第 45 — 53 页转第 9 页。

④ 刘礼纯：《江西瑞昌宋墓出土磁州窑系瓷瓶》，《文物》1987 年第 8 期，第 89 — 90 页。这座墓的时代是南宋宝祐五年（1257），出土两件扒村窑的梅瓶。另外，在浙江永嘉发现一处银器窖藏，用一件磁州窑白地黑花大罐盛装。见金柏东：《浙江永嘉发现宋代窖藏银器》，《文物》1984 年第 5 期，第 82 — 85 页，转第 102 — 103 页。江西地区也曾多次发现磁州窑瓷器，如永新县旧城下窖藏出土绿釉黑花深腹钵。见杨后礼：《永新县发现元代瓷器》，《江西历史文物》1981 年第 2 期，第 45 — 47 页，转第 59 — 60 页。新干县城东宝塔山下出土元前期磁州窑白地黑花茶花纹罐。见杨后礼：《元代吉州窑瓷器探索》，《中国陶瓷》1982 年第 7 期，第 123 页。

⑤ 张威主编《绥中三道岗元代沉船》，北京：科学出版社，2001。

⑥ 高美京：《韩国新安沉船发现磁州窑瓷器及相关问题》，载赵学锋主编《磁州窑面向国际》，石家庄：河北美术出版社，2011，第 14 — 23 页。

⑦ Michael Flecker, "The Jade Dragon Wreck: Sabah, East Malaysia", The Mariner's Mirror, 98 — 1(2012),pp.9 — 29.

⑧ 苏州市考古研究所，太仓博物馆编《大元·仓：太仓樊村泾元代遗址出土瓷器精粹》，上海：上海古籍出版社，2018，第 120 — 121 页。

⑨ 刘岩、秦大树、齐里亚马·赫曼：《肯尼亚滨海省格迪古城遗址出土中国瓷器》，《文物》2012 年第 11 期，第 37 — 60 页。

⑩ 秦大树、高美京、李鑫：《定窑涧磁岭窑区发展阶段初探》，《考古》2014 年第 3 期，第 82 — 97 页。

⑪ 王云飞：《耀州窑青瓷的考古学研究》，北京大学博士学位论文，2023，第 303 — 305 页。

⑫ 1987 年发掘观台窑址，第四期地层中出土了一件黑釉划刻"内府"梅瓶残件，参见前揭《观台磁州窑址》，图版五〇，3；彩版由秦大树拍摄；另 1988 年 7 月彭城耐火材料厂出土一件白地黑花"内府"铭梅瓶。

精致产品，龙泉窑则主要生产茶酒花香器具及满足域外和漠北地区品味的产品，而磁州窑则主要生产各种粗重的、不宜于远途运输的瓶、坛、罐、盆类器物。磁州窑的器物主要用作包装用品。漳河流域的窑场在元末明初停烧，更主要的原因是产业中心的形成。元明时期，滏阳河流域彭城镇的制瓷业由于生产管理体制的优化，交通运输的便捷，从生产规模和质量等方面已超过了观台一带，成为冀南豫北一带制瓷业的产业中心。磁州境内的窑场逐渐向彭城一带集中，因此，零散分布于漳河沿岸的各窑场失去了竞争能力和存在的必要，因而逐渐消亡了。

（三）明清时期磁州窑的延烧

漳河流域的诸窑场在元末明初停烧以后，磁州窑的生产集中到了滏阳河流域的彭城镇和临水镇一带。在这里，磁州窑从元代后期就开始繁荣生产，明初逐渐成为了北方地区最重要的制瓷业产业中心①。同全国情形一样，元代成百上千的窑址大多都在元末明初时停烧了，出现了景德镇陶阳十三里、磁州彭城镇这样的面积不大，但有高度分工的集约化生产的，产量巨大、产品质量高的产业中心。北方地区类似的产业中心还有陕西铜川铜炉镇②、河南怀庆府（今焦作）以及明代前期盛烧的河南禹州等地③。其中磁州窑的生产规模和工艺技术在这几个生产中心当中都居于领先地位。明代彭城镇制瓷用的釉料都来自安阳县的水冶矿点④。另据报告，在峰峰矿区临水镇滏阳河源头纸坊村至石桥村五六里长的一段河道上，发现了20多座大型水碾的遗迹，并认定这些水碾都是用来加工制瓷原料的，同时还在临水镇发现了规模巨大的堆放原料的地点，加工过的原料堆积如山⑤。尽管这些水碾的时代还不清楚，堆积的原料是加工好的胎料还是尾砂也不明，但这样集中分布的专门的原料加工遗迹，不能不使人联想到明代景德镇的生产模式。原料的开采和加工是在距景德镇镇区50公里以外的高岭地区，又有昌江上游专门供应燃料的柴厂，而陶阳十三里只从事成形、装饰和烧成以及后续的商贸活动⑥。这种生产模式无疑已经进入了早期工业化或曰工业革命的初期形态，有学者甚至认为景德镇的生产模式影响了英国工业革命的发生⑦。磁州窑明代的生产模式在大规模的分工生产等方面与景德镇十分相似，彭城镇所扮演的角色与陶阳十三里相同。因此，所谓"南有景德，北有彭城""千里彭城，日进斗金"等美誉并非空穴来风⑧，北方地区能够担此名声的只

① 庞洪奇：《从考古调查看临水窑与彭城观台诸窑之关系》，载赵学锋主编《磁州窑面向国际》，石家庄：河北美术出版社，2011，第109—123页。

② 耀州窑博物馆、陕西省考古研究所、铜川市考古研究所编著《立地坡·上店耀州窑址》，西安：三秦出版社，2004。

③ 秦大树、徐华烽：《钧窑历史与成就述论》，载秦大树主编《柏煊书斋·钧窑》，香港：穆文堂美术出版社有限公司，2017，第7—112页。

④ 程在廉：《磁州窑研究技法传播的地质因素》，载邯郸市陶瓷工业公司编《磁州窑研究论文集（二）》（内部刊印资料），1988，第51—56页。程在廉：《磁州窑地质研究中的几个问题》，《河北陶瓷》1986年第2期，第55—58页。

⑤ 庞洪奇：《临水磁州窑初考》，《邯郸学院学报》，第16卷，2006年第4期，第29—31页。

⑥ 中共景德镇市委宣传部编：《景德镇陶瓷简史》，南昌：江西教育出版社，2023，第97—111页。贺鼎：《景德镇——世界瓷业中心的城市与遗产》，北京：清华大学出版社，2020，第15—25页。

⑦ Robert Finlay, The Pilgrim Art: Culture of Porcelain in world History (University of California Press, 2010),Berkclcy,LosAngeles,London, pp. 47—60.

⑧ 郝良真：《近代磁州窑》，北京：科学出版社，2010，第10—17页。张子英：《解放前的彭城陶瓷工业》，《河北陶瓷》1992年第5期，第46—48页。

有磁州窑。

彭城一带虽然窑业废弃物随处可见，若干年前还有两座巨大的窑业废弃物堆积成的小山，但这里由于现代建筑的普遍占压，一直没有能够开展过成规模的、比较正式的考古工作。同时，20世纪90年代以前，从收藏角度出发的研究也对明清的磁州窑十分忽视。因此，对明清磁州窑的研究和认识都还处于非常初级的阶段。从古代文献的记载中可以看到，磁州窑在明代生产再创辉煌。《明宣宗实录》记载，洪熙年间磁州窑就为赵王府制造了瓷祭器[1]，推测实际为赵王府生产瓷器的时间可能早到赵王就藩不久[2]。随后的宣德年间，工部下达政令，令河南府的钧、磁二州及真定府为光禄寺制造缸瓶坛等器物，而且数量巨大。官府在彭城设有官窑和官坛场。[3]根据文献记载，贡瓷的时间至少延续到嘉靖三十二年（1553）[4]。从实物资料看，有一些带有明万历年间制作款识的白地黑花大罐[5]，说明磁州窑贡御的时间一直延续到万历时期，与景德镇御器场的存续时间大体相同。至《康熙磁州

---

① 《明宣宗实录》载洪熙元年（1425）九月"己酉，命行在工部……于磁州造赵王之国各坛祭器"。洪熙元年，为第二代赵藩赵简王朱高燧就藩漳德府之时。可知早期阶段王府的祭器都是在就藩之地附近生产的。《明实录·宣宗实录》卷九，中国台北："中央研究院"历史语言研究所，1962年，第231页。万历《大明会典》载"凡亲王之国合用乐器、祭器……瓷酒尊笾豆簠簋，行江西浮梁县烧造"，表明到明后期的万历年间景德镇已是唯一一处生产地。实物方面也提供了佐证，如传世发现的"甲戌春孟赵府造用"款龙纹盘，迄今所见共有9件，五彩装饰的6件，青花装饰的3件，所绘纹样基本相同，可知此时为赵王府烧造瓷器的窑场为景德镇，而非磁州了。参见高宪平：《明代景德镇民间窑场参与官方瓷器生产活动研究》，北京大学博士后研究工作报告，2023，第41—42页。庞洪奇、庞枫陶：《明清磁州窑史料辑考》，《邯郸学院学报》2016年第1期，第42—46页。

② 第一代赵藩王为朱元璋庶九子朱杞，洪武三年（1370）受封，次年薨，因为子嗣，除封。张廷玉等：《明史》卷一百一，《诸王世表二》，北京：中华书局，1974，第2623页。至永乐二年封成祖嫡三子朱高燧为赵简王，洪熙元年就藩漳德府，宣德六年薨。《明史》卷一百三，《诸王世表四》，北京：中华书局，1974，标点本，第2837—2840页。

③ 崔铣辑：《嘉靖彰德府志》卷之三《建制志》，"磁州"条："彭城厂，在滏阳里，官窑四十余所，岁造磁坛，纳于光禄寺。"上海古籍书店据宁波天一阁藏明嘉靖刻本影印，1964，第45页。蒋擢修、乐玉声、张丙厚等撰《康熙磁州志》卷之五《营建》，第十四叶，"官坛厂"条："在南关石桥东，后移琉璃村，旋复旋移，又再复故处，彭城厂在滏源里，明制于此设官窑四十余座，岁造磁坛堆积官厂，舟运入京，纳于光禄寺。国朝改征折色，厂遂废。"中国国家图书馆藏康熙四十二年（1703）刻本。

④ 明万历《大明会典》中记载："凡河南及真定府烧造，宣德间题准，光禄寺每年缸、坛、瓶，共该五万一千八百五十只，分派河南布政司钧、磁二州，酒缸二百三十三只。""嘉靖三十二年题准……通行解部，召商代办。如遇缺乏，止行磁州、真定烧造，免派钧州。四十二年奏准，钧州脚价帮贴，尽行除豁。"申时行等修《明会典》卷一百九十四·工部十四，北京：中华书局，据1936年商务印书馆万有文库本排印，万历重修《明会典》本缩印本，1988，第980—981页。稍早的正德版《大明会典》也有相关的记载，李薄等撰、李东阳等重修《（正德）大明会典》卷一五七·工部十一记载："岁造内府供用库……河南彰德府每年造瓶、坛、缸共一万七千二百八十四件，钧州每年造瓶、坛、缸共一万七千二百八十三件。"文渊阁《四库全书》本，中国台北：商务印书馆，1986，影印本，第618册，第542页。

⑤ 郝良真：《磁州窑白底黑绘花酒坛及相关问题探析》，《文物春秋》2002年第5期，第47—51页。郭学雷：《明代磁州窑瓷器》，北京：文物出版社，2005，图3—76，图3—54；图四四。北京艺术博物馆编、赵学锋主编《中国古瓷窑大系·中国磁州窑》，北京：中国华侨出版社，2017，图版259。

志》再次提及磁州为工部生产瓷器，只是数量大大减少①，但又提到为州府官方制作祭孔的祭器②。明末停贡，清初恢复，这也与景德镇御窑厂的发展脉络相同。因此，学界也提出了明代"四大官窑"的观点③，指的就是景德镇御器场、龙泉窑官器、磁州窑和钧窑。足见磁州窑在明清时期不仅生产模式先进，规模巨大，产品质量较高，而且长期贡官贡御，为北方地区瓷器生产的翘楚。

由于考古工作的局限，目前我们对明初磁州窑的生产情况，包括贡御产品的真实面貌并不清楚，目前可见的磁州窑白地黑花大罐上的纪年都是明代中后期的。同时，在彭城一代陆续出土的一些器物，可见明代磁州窑白釉普遍泛黄灰色，不够光润，胎质粗深，质量上并未恢复到宋金时期的水平；非常流行白地黑花加棕彩或单纯用棕红色彩绘制图案的装饰。在图案上可以看到一些景德镇民窑青花瓷器上明代中后期常见的纹饰，如米芾拜石、潇湘八景等。近年来新的研究成果证明，景德镇的民窑青花瓷器开始生产于明宣德末期到正统时期，并得到了迅速的发展④，青花为代表的瓷器彩绘装饰开始向全国扩展，磁州窑受到景德镇民窑青花纹样的影响，并逐渐趋同，并不出意外。这恰恰说明磁州窑的生产开始融入全国的瓷器生产体系，脱离了宋元时期地方特点明晰的特征。邯郸市博物馆还收藏有清代灰青色釉的双立耳方形香炉，也印证了《康熙磁州志》记载的为州府学制作祭孔礼

器的情况⑤。虽然有人认为临水窑从清代前期就开始生产青花瓷器，但证据明显不足。磁州窑的青花瓷大约始烧于晚清时期，目前可见清代光绪时期的纪年器物⑥，这是磁州窑产品风格的一次重要转型，标志着磁州窑从独特风格进一步全面融入全国一体的装饰风格，成为全国各地数以百计的青花生产地点中的一个。特别是磁州窑也融入了清末民国时期受西方工业化生产的影响，全国都在出现的现代制瓷工业体系的制瓷产业。

三、磁州窑的历史地位及在中国陶瓷发展史上的贡献

磁州窑作为北方地区宋元时期一处非常重要的民间窑场，为中国古代瓷器制造业的发展做出了重要的贡献，归纳为以下几个方面：

1. 中国从东汉晚期制造出成熟的瓷器，在相当长一段时间里对器物的装饰以胎体装饰为主，即用刻、划、塑等方式在胎体上装饰，总体上表现出了单色的传统。磁州窑成功地利用了白色化妆土与较深的胎色和黑色彩料的反差，采用了对比强烈的剔、划、绘画和加彩等装饰工艺，突破了单色装饰的传统，丰富了宋代陶瓷装饰的内容和风格，成为宋代瓷器百花园中的一枝奇葩。

2. 磁州窑最早使用了含铁元素较高的斑花材料，

---

① 前揭《康熙磁州志》卷之八·赋役，第十四至十五叶，"工部本色起运"条记："磁坛二百二十五个，石磨一副，煤炭雇船脚价共原额银二十七两一钱九分九厘八毫。"中国国家图书馆藏康熙四十二年刻本。又卷之十·风土·第四叶，"磁器"条载："出彭城镇，置窑烧造瓮缶盆碗炉瓶诸种，有黄绿翠白黑各色，然质厚而粗，只可供寺店庄农之用。"中国国家图书馆藏康熙四十二年刻本。

② 前揭《康熙磁州志》卷之六·学校·第十五叶"祀典"条；第十六叶"祭器"条。

③ 王光尧：《明代宫廷陶瓷史》，北京：紫禁城出版社，2010，第 114 — 187 页。

④ 秦大树、高宪平：《景德镇明代"空白期"窑业遗存的考古学探索与新认知》，《中国陶瓷》2020 年第 9 期，第 63 — 77 页。

⑤ 蒋擢修、乐玉声、张丙厚等撰《康熙磁州志》卷之六·学校第十五叶，"祀典"条；第十六叶，"祭器"条。

⑥ 如邯郸市博物馆收藏有一件"庚未"款（光绪九年，1883）锦地开光文字纹青花罐，参见前揭《中国古瓷窑大系·中国磁州窑》，图版 269；又如邯郸市博物馆还收藏一件"光绪三十二年"（1906）款青花文字长方形印盒，参见前揭《中国古瓷窑大系·中国磁州窑》，图版 270，都是磁州窑光绪年间开始生产青花瓷器的证据。

在釉下绘画图案，开创了白地黑花装饰，并成为了磁州窑最流行、最具代表性的装饰技法。由于其表现力很强，因此磁州窑最早利用瓷面为画纸，表现复杂丰富的纹饰图案。宋金时期，彩绘瓷和彩釉瓷在磁州窑发展成熟，使磁州窑以装饰丰富而卓立于全国的瓷器产区。入元以后，彩绘瓷和彩釉瓷逐渐在全国得到广泛的应用和发展，明清时期成为瓷器装饰的主流①。不难看出，在这一发展变化过程中，磁州窑起到了重要的开创和承先启后的作用，并产生了广泛的影响，在中国陶瓷发展史上占有十分重要的地位。

3. 磁州窑在宋金时期发展繁荣，拥有最多样的装饰技法和最丰富的纹饰图案，是宋元时期最富有特色的窑口。磁州窑与北方数以百计的民间窑场相互影响，形成了独有的艺术特色，成为宋代占据主流地位的庶民艺术的典型代表。虽然现在流行的"窑系"观念有诸多不合理之处②，但在宋代所谓的六大窑系中，磁州窑系拥有数量最多的窑址以及最广大的分布区域，从一个侧面说明了磁州的影响力。特别值得注意的是，磁州窑所发明的多项装饰技术都对明清瓷器的生产产生了直接的影响。计有：（1）白地黑花对景德镇青花瓷器的创制产生了直接的影响。（2）白釉红绿彩瓷成为景德镇元、明两代五彩瓷和斗彩瓷的直接来源。（3）磁州窑开创的在烧成的白釉瓷器上施低温釉，而不是在素胎上施低温釉的工艺对景德镇明、清两代盛行的低温彩釉瓷产生较强的影响。尤其是元代开创的翠蓝釉瓷器，景德镇窑显然是直接学自磁州窑的③。

4. 磁州窑在许多生产技术的开创和应用方面对

宋代瓷器的发展做出了重要的贡献。磁州窑是北方地区最早使用煤为燃料的窑场之一，大体与定窑和耀州窑同时。这项技术的产生和实践，对于北方地区制瓷业的发展起到了至关重要的作用。北宋后期北方地区制瓷业的迅速发展，与此有重要的关联。磁州窑在宋代就开始用不同的原料配制成适于生产瓷器的制坯原料，是最早人工改变原料性状以提高产品质量的窑场，早于景德镇窑。这是杰出创造力和高超工艺技术的体现。此外，在匣钵的使用、装烧技术的创新和大量使用模制成型工艺等许多方面，磁州窑也都做出过重要的贡献。

5. 磁州窑在生产管理体制上表现出集约化生产和高度分工合作的模式，体现了发达的商品生产特征，在明代以前全国的窑业生产体系中居领先地位。类似的生产体制在全国并不多见，成为宋代以降商品经济从产生、发展、繁荣到向早期工业化转变的样本。

对磁州窑的研究其实还处于较为浅表的早期阶段，磁州窑本身博大丰富的内涵，呼唤着更为细致深入同时又具有更宏观视角、与更多不同学科交叉联系的研究。我们深切希望这套丛书也能够起到承先启后的作用，给学者提供尽可能全面的前人的研究成果，以及更多的相关资料，为爱好者更全面丰富地展现磁州窑的内涵。

2023 年 12 月于北京七彩华园

秦大树

（浙大城市学院考古学系教授，北京大学考古文博学院教授）

① 郭学雷：《明代磁州窑瓷器》，北京：文物出版社，2005。书中将磁州窑泛指为北方地区明代仍在烧制的窑场，关注明代磁州窑类型窑场的技术发展与产品特征，把明代磁州窑类型的产品分为彭城磁州窑类型、禹州磁州窑类型、耀州磁州窑类型、霍州磁州窑类型以及壶关磁州窑类型，其实是代表了明代以后北方瓷器生产的几个中心窑区，厘清了各窑区明代产品的面貌与技术互动。揭示了入明以后白地黑花装饰在北方地区的普遍流行。而且书中所划分的几个类型，都源自元代时期的技术传承。

② 秦大树：《论"窑系"概念的形成、意义及其局限性》，《文物》2007 年第 5 期，第 60 — 66 页。

③ 秦大树：《元明翠蓝釉瓷器探析》，载现代科技考古研讨会文集编委会编《考古文物与现代科技》，北京：人民出版社，2001，第 86 — 98 页。

北朝至隋代冀南豫北地区
陶瓷手工业发展概述

北朝时期是中国古代陶瓷发展的重要转变时期。北方地区的陶瓷生产逐渐走向繁荣，北方青瓷的创烧、低温铅釉陶器（以下简称"釉陶"）的兴盛、白瓷的起源等在中国陶瓷史上至关重要的内容，均发生或发源于这一时期。北方的釉陶生产经历了北魏前期在平城地区的复兴，北魏后期在洛阳地区的持续发展，至东魏、北齐时期生产中心随着王朝迁都转移至邺城（今临漳）地区，呈现更加繁荣的发展趋势。北魏永熙三年（534），孝武帝元脩西逃，孝静帝元善见即位，改元"天平"，迁都邺城，东魏建立。《北齐书》卷二《神武帝纪下》载："诏下三日，车驾便发，户四十万狼狈就道。神武留洛阳部分，事毕还晋阳。"① 其中也应包括从事釉陶生产的窑工，邺城及周边地区的釉陶生产随之兴起。同时，随着南方青瓷生产技术的北传，北方青瓷在北齐也开始生产②。邺城地区成为北朝后期北方地区陶瓷器最重要的生产中心。北周灭北齐及隋建立时，将邺城的人员大量向南迁移至邺城以南的相州（今安阳）一带。《隋书》卷七十三《梁彦光传》载："初，齐亡后，衣冠士人多迁关内，唯

技巧、商贩及乐户之家移实州郭。"③ 又《旧唐书》卷三十九《地理志二》载："邺，……周大象二年（580），隋文辅政，相州刺史尉迟迥举兵不顺，杨坚令韦孝宽讨迥，平之。乃焚烧邺城，徙其居人，南迁四十五里。以安阳城为相州理所，仍为邺县。"④《资治通鉴》卷一百七十四《陈纪八》在引前文后补记曰："韦孝宽分兵讨关东叛者，悉平之。坚徙相州于安阳，毁邺城及邑居。"⑤ 文献记载迁移人口中的"技巧"之家，就应当包括了陶瓷手工业者，安阳因此较早地发展了制瓷业⑥。相州窑也在入隋之后，与河北邢窑、河南巩义窑并称，成为最早生产白瓷的窑场之一⑦。这一区域早期陶瓷手工业的发展，也为唐末、五代磁州窑的兴起奠定了坚实的技术基础。

一、邺城地区东魏釉陶的生产情况

自东西魏分裂、东魏迁都邺城的东魏天平元年（534）至东魏为北齐所代的东魏武定八年（550）之前，是邺城地区陶瓷手工业生产的初兴时期，主要的产品

① 李百药：《北齐书》，北京：中华书局，1972，第18页。
② 谢明良：《魏晋十六国北朝墓出土陶瓷试探》，《台湾大学美术史研究集刊》1994年第3期，中国台北：台湾大学艺术史研究所，1994，第1—37页。
③ 魏徵等：《隋书》，北京：中华书局，1973，第1675页。
④ 刘昫等：《旧唐书》，北京：中华书局，1975，第1492页。
⑤ 司马光：《资治通鉴》，北京：中华书局，1956，第5426页。
⑥ 齐东方：《隋唐考古》，北京：文物出版社，2002，第122—123页。
⑦ 李鑫：《隋代白瓷的生产、流通与消费》，《故宫博物院院刊》2021年第12期，第27—39页。

即釉陶器。

从出土的东魏釉陶情况来看，河北景县东魏天平四年（537）高雅夫妇及子女合葬墓出土酱釉器物10件，器类包括碗、罐、龙柄壶，发掘简报将这批器物判定为酱釉、黄褐釉、黄釉瓷器[1]。这批器物造型规整，釉色均匀。有学者指出：高雅墓出土器物代表了新的造型和釉色的出现，标志着北朝风格瓷器的诞生[2]。从已经刊布的清晰图版[3]及河北博物院展出的酱釉碗观察，可确知均为低温酱釉陶。山东高唐东魏兴和三年（541）房悦墓出土施釉陶瓷器18件，简报均判定为瓷器[4]。其中6件青瓷碗是高温青瓷的性质明确，而碗以外的其他器物，已较早为研究者观察指出，均为砖红色或青褐色陶胎，酱、黄色釉，属铅釉陶器[5]。

河北河间东魏兴和三年（541）邢宴墓出土2件酱褐釉三系小罐，据郑绍宗描述：胎灰红，通体施釉。一件呈深茶色，釉色接近崔昂墓出土黑釉四系罐下半部；另一件酱褐色，与高雅墓出土酱釉碗接近[6]。河北磁县东魏武定五年（547）赵胡仁墓出土8件"瓷器"，除1件瓶为青釉外，其余7件均为酱釉，同一件器物上釉色有浓淡的变化，釉色深处呈酱褐色，淡处呈酱黄色，同时8件器物均为土黄胎。通过与当时已经发现的河北平山崔昂夫妇墓出土的黑褐釉四系罐及景县封氏墓群出土的酱釉瓶的比较，发掘者认为赵胡仁墓所出酱褐釉器物为当时北方地区最早的黑釉瓷器[7]。崔昂墓出土的Ⅲ式四系瓷罐为砖红色胎、黑褐釉[8]，与高雅墓出土的酱釉陶呈色相近，崔昂墓出土的四系罐与赵胡仁墓出土的酱釉罐一脉相承。相同釉色的例子包括邢宴墓出土的酱釉三系罐，据此谢明良认为上述几座墓葬的施罩红褐釉（酱釉）出土品均为铅釉陶器[9]。

另河北赞皇东魏武定二年（544）李希宗夫妇墓还出土1件"黑釉瓷器"残片，青灰色胎、黑釉，器形不明[10]。《中国陶瓷史》将之作为东魏时期北方地区已经开始烧造黑釉瓷器的证据[11]。考虑到墓葬发掘之时对酱（黑）釉陶还缺乏足够的认识，又考虑到上述多座墓葬酱釉陶的出土情况，这件残片极有可能同属釉色较深的酱釉陶器。

上述实例中，房悦墓出土的产品与河北地区几座墓葬出土的釉陶器有较多差别，无法确知这些产品是邺城地区窑场生产的特别定烧的产品，还是山东地区此时也开始了釉陶器生产，其他几座墓葬出土的酱釉

① 河北省文管处：《河北景县北魏高氏墓发掘简报》，《文物》1979年第3期，第17—25页。

② 郭学雷、张小兰：《北朝纪年墓出土瓷器研究》，《文物季刊》1997年第1期，第85—95页。

③ 张柏主编《中国出土瓷器全集·河北卷》，北京：科学出版社，2008，第3—4页。

④ 山东省博物馆文物组：《山东高唐东魏房悦墓清理纪要》，《文物资料丛刊2》，北京：文物出版社，1978，第105—109页。

⑤ 山东淄博陶瓷史编写组、山东省博物馆：《山东淄博寨里北朝青瓷窑址调查纪要》，载文物编辑委员会编《中国古代窑址调查发掘报告集》，北京：文物出版社，1984，第352—359页。

⑥ 河北省博物馆、河北省文物管理处编《河北省出土文物选集》，北京：文物出版社，1980，第55—56页。

⑦ 磁县文化馆：《河北磁县东陈村东魏墓》，《考古》1977年第6期，第391—400页。

⑧ 河北省博物馆、河北省文物管理处：《河北平山北齐崔昂墓调查报告》，《文物》1973年第11期，第27—33页，图版伍-1.

⑨ 谢明良：《中国早期铅釉陶器》，载颜娟英主编《中国史新论——美术考古分册》，中国台北：联经出版公司，2010，第55—101页。

⑩ 石家庄地区革委会文化局文物发掘组：《河北赞皇东魏李希宗墓》，《考古》1977年第6期，第382—390页。

⑪ 中国硅酸盐学会编《中国陶瓷史》，北京：文物出版社，1982，第168页。

陶器应均产自邺城地区。东魏迁都邺城以后，北魏都城洛阳地区的釉陶生产中心也随之转移到邺城地区。1994年，中国社会科学院考古研究所在邺南城外西南部、河北临漳义城村西北京港澳高速公路工地的发掘中，发现了东魏至北齐时期的窑址群（以下简称"义城村窑址群"），出土了一批素烧器、釉陶器和窑具标本[1]。窑址出土了与高雅墓出土的酱釉碗、赵胡仁墓出土的酱釉龙柄壶造型完全相同的素烧器及釉烧残次品。2014—2015年，河北省文物研究所在对邺南城及周边区域的窑址调查中，在临漳县习文乡（现习文镇）板屯村以南、习文村以东、义城村以南，河南安阳县柏庄镇以北范围内发现了窑业遗存，被称为邺南城西南窑区[2]。窑址出土的大部分釉陶产品均为北齐时期，但同样发现与高雅墓出土酱釉陶碗相同的陶胎铅釉碗，可确定其生产的时代早至东魏。义城村窑址群亦位于这一区域之内。

依据窑址调查及发掘的发现和墓葬出土的东魏酱釉陶器，可知邺城地区生产的釉陶产品均为采用了易熔黏土的陶胎，在氧化气氛下烧成，呈现灰红、砖红、褐黄、青褐、土黄等色调。器物均施以铁为呈色剂的酱釉，因烧成温度的差异呈现深棕、棕褐、黄褐、酱褐、酱色等不同釉色。有些釉色较深的酱釉陶器，釉色接近黑色。这也是过去有学者认为北方高温黑釉瓷器从东魏已开始烧造的原因之一[3]。产品二次烧成，部分碗类器物采用三叉形支钉叠烧。

二、邺城地区北齐釉陶生产新变化

北齐以后，北方地区的釉陶生产持续发展并走向繁荣。根据北齐时期墓葬等遗迹出土的釉陶器类结构、产品特征的地域性差别，及生产釉陶产品的窑址的发现，大致可以确定北齐时期至少存在三个釉陶生产中心：以河北临漳曹村窑、倪辛庄窑为代表的邺城地区；暂未有生产釉陶的窑址发现，但出土釉陶产品与河北地区存在差别的晋阳地区；以山东淄博寨里窑为代表的青齐地区。其中，邺南城及周边范围内窑址的调查与发掘，为确定邺城地区釉陶生产技术及窑场组织形式等提供了重要的材料。目前已经发现的窑址包括以临漳县习文乡（现习文镇）倪辛庄村为中心的倪辛庄窑区；以临漳县习文乡（现习文镇）曹村为中心的邺南城东北窑区；临漳县习文乡（现习文镇）板屯村以南、习文村以东、义城村以南，河南安阳县柏庄镇以北范围内的邺南城西南窑区[4]。这几处窑场的产品结构基本相同，发现有陶胎铅釉陶器、瓷胎铅釉陶器及青瓷器，还同时发现有釉陶器产品的素烧半成品及产品装烧的窑具。窑址调查中发现的遗物，除邺南城西南窑区可早至东魏时期，绝大部分产品均与北齐时期出土釉陶产品一致，可确定为北齐时期生产铅釉陶器的窑场。

根据窑址调查与发掘资料，可以初步总结出邺城地区釉陶生产的特点：第一，铅釉陶器包括以易熔黏土为原料的陶胎铅釉陶和以高岭土为原料的瓷胎铅釉陶，后者发现数量多，占据产品结构的主流，这与河南、河北地区众多北齐时期墓葬等遗迹出土釉陶产品的情况相一致。第二，铅釉陶器的釉色品种以铁为呈色剂的透明质青黄釉为主，并有少量的酱釉产品，亦与北齐时期河南、河北出土铅釉陶的情况相同。第三，各窑场均同时生产铅釉陶器和青瓷器，青瓷器

① 中国社会科学院考古研究所、河北省文物研究所、河北省临漳县文物旅游局：《邺城文物菁华》，北京：文物出版社，2014，第96—99页。
② 黄信：《河北邺城地区陶瓷窑址调查报告》，《文物世界》2018年第1期，第42—53页。
③ 中国硅酸盐学会编《中国陶瓷史》，北京：文物出版社，1982，第168页。
④ 黄信：《河北邺城地区陶瓷窑址调查报告》，《文物世界》2018年第1期，第42—53页。河北省文物研究所：《河北临漳县邺南城倪辛庄窑址调查报告》，《文物春秋》2018年第2期，第30—39页。

数量较少。河南、河北地区众多北齐时期墓葬等遗迹出土的釉陶产品以瓷胎并以铁为呈色剂的透明质青黄釉陶产品为主的特点，与邺城地区釉陶生产特点一致，代表了这一时期邺城釉陶生产的产品特点与工艺水平。

河北平山崔昂夫妇墓出土釉陶器14件[①]。除酱釉Ⅲ式四系罐与赵胡仁墓出土器物造型及胎釉特征基本相同，均为陶胎酱釉陶器外，其他出土器物中Ⅱ式四系罐与河南安阳北齐武平六年（575）范粹墓出土四系乳白瓷罐及三系白瓷绿彩罐[②]，河南濮阳北齐武平七年（576）李云夫妇墓出土米黄釉绿彩四系罐[③]及河南安阳赵明度夫妇墓出土青釉覆莲四系瓷罐[④]，造型及装饰基本相同。此外，崔昂墓出土多数瓷碗、瓷盘胎色呈细腻的浅红色，釉色呈嫩绿、酱黄、黄绿等特点，可作为判定这些器物中包含有铅釉陶器的依据。此外，墓中还同出高温青瓷产品，包括碗、唾壶和四系罐，其中青瓷碗为北齐青瓷，唾壶与四系罐的时代为北周灭北齐至隋代以后，应为后妻郑仲华入葬时一同埋入。河北赞皇北齐天保三年（552）李秀之

墓出土了一批非常精美的青黄釉陶器，包括烛台、笔架、辟雍砚、镳斗、唾壶，胎色灰白，釉色青黄，可能是作为一组明器随葬入墓中[⑤]。

河南安阳北齐武平六年（575）骠骑大将军、凉州刺史范粹墓出土一批釉陶器，被发掘者判定为瓷器[⑥]。现在来看，包括青黄釉陶杯、壶、罐、瓶，白釉绿彩罐、瓶，酱釉陶扁壶。范粹墓出土资料最重要的意义是推动了关于白瓷起源问题的讨论[⑦]。李知宴最先提出墓中出土白釉产品已经初步具备白胎、白釉、釉层薄等白瓷的特点，但也保持着一些青瓷的痕迹，一方面说明白瓷是由青瓷发展而来，另一方面为中国白瓷起源的时间、地点提供了可靠的资料，并认为其产地在邺城及周围地区[⑧]。此后相当长的时间内学界普遍认为范粹墓出土的白釉器是中国有明确纪年的最早的白瓷器。最具代表性的论断如《中国陶瓷史》："范粹墓出土的早期白瓷，虽然不怎么成熟，但它是目前发现有可靠纪年的早期白瓷，有十分重要的意义。"[⑨]之后学者逐渐认识到，范粹墓出土的白釉器均属于瓷胎铅白釉陶[⑩]。通过对以其

① 河北省博物馆、河北省文物管理处：《河北平山北齐崔昂墓调查报告》，《文物》1973年第11期，第27—33页。崔昂夫妇墓是崔昂同前妻卢修娥与后妻郑仲华的夫妻三人合葬墓，墓葬出土的三方墓志分属三人。据墓志所记，三人埋葬时间不同，前妻卢修娥死于北齐天保二年（551），并在崔昂死后于北齐天统二年（566）一同祔葬，后妻郑仲华葬于隋开皇八年（588），前后相差23年之久。前妻卢修娥与崔昂墓志录文见赵超：《汉魏南北朝墓志汇编》，天津：天津古籍出版社，1992，第432—434页。后妻郑仲华墓志录文见罗新、叶炜：《新出魏晋南北朝墓志疏正》，北京：中华书局，2005，第389—390页。

② 河南省博物馆：《河南安阳北齐范粹墓发掘简报》，《文物》1972年第1期，第47—57页，图三五、图三六。

③ 周到：《河南濮阳北齐李云墓出土的瓷器和墓志》，《考古》1964年第9期，第482—484页，图版拾图3—图5。

④ 孔德铭、焦鹏、申明清：《河南安阳县东魏赵明度墓》，《考古》2010年第10期，第93—96页，图三中2、4、5、6式，图版拾壹图2、图3。

⑤ 河北博物院编《河北博物院基本陈列——名窑名瓷》，北京：文物出版社，2014，第55—79页。

⑥ 河南省博物馆：《河南安阳北齐范粹墓发掘简报》，《文物》1972年第1期，第47—51页。安阳县文教卫生管理站：《河南安阳县发现一座北齐墓》，《考古》1972年第1期，第45—47页。

⑦ 李鑫：《白瓷起源问题研究再思考》，《华夏考古》2018年第4期，第42—55页。

⑧ 李知宴：《谈范粹墓出土的瓷器》，《考古》1972年第5期，第53—55页。

⑨ 中国硅酸盐学会编《中国陶瓷史》，北京：文物出版社，1982，第167—168页。

⑩ 对这一问题的讨论及逐渐明晰的过程参见李鑫：《白瓷起源问题研究再思考》，《华夏考古》2018年第4期，第42—55页。

为代表的北朝后期的白釉陶的谱系的研究，学者进一步指出范粹墓出土白釉陶的产地很有可能是邺城周围的河南省北部的安阳附近以及河北省南部的邯郸周边一带①。根据邺城地区的窑址发现，这一判断是正确的。小林仁还提示出北齐时代的铅白釉陶与白瓷的诞生密切相关②。

北齐时期釉陶还采用釉上加彩装饰，这是北齐时期新出现的装饰方法，东魏及以前的北朝釉陶产品上均未见到。这一装饰方法在邺城地区和晋阳地区出土的釉陶产品上均有见到，装饰方法是在青黄色或白色的单色底釉上施加以铁为呈色剂的酱釉形成黄彩，以铜为呈色剂的绿釉形成绿彩，纹饰主要是纵向的条形彩饰。除上述范粹墓出土的白釉绿彩器物，还有河南安阳北齐武平三年（572）贾进墓出土的青黄釉黄绿彩罐③、河南濮阳北齐武平七年（576）李云夫妇墓出土的青黄釉绿彩罐④、固岸墓地Ⅱ M72出土的白釉绿彩壶⑤等。秦大树提出以李云墓出土的绿彩罐为代表的北齐出现的釉上加绿彩装饰，可视为是唐、北宋时期包括磁州窑产品在内白釉绿彩瓷器的技术源流⑥。

河北磁县湾漳北朝壁画墓（M106）出土青黄釉陶壶10件，釉色青绿，釉面光亮，满布细碎开片，外底有三支钉痕。墓葬无纪年材料出土，发掘者从墓葬形制、出土遗物和壁画三个方面，对墓葬年代及墓主人身份进行推定，认为该墓为葬于北齐乾明元年（560）文宣帝高洋的武宁陵⑦，是出土北齐釉陶的墓葬中等级最高的一座。不过从河南安阳固岸墓地的一批北齐中下层官吏墓葬出土的釉陶器来看⑧，这一时期邺城地区所产的釉陶产品并不只被上层阶级使用。

除墓葬遗迹外，历年来在东魏北齐都城所在的邺南城遗址的发掘中也出土了一批铅釉陶器。被推定为东魏北齐皇家寺院的赵彭城佛寺遗址发掘中，在被认为是僧人习经、生活场所的寺院西南院落发现一件瓷胎青黄釉陶碗⑨。被认为是北齐大庄严寺的核桃园建筑基址群，在1号建筑基址中心解剖沟内发现6件装满遗物的青黄釉罐与大量崭新的"常平五铢"铜钱，少量砖瓦碎块同出，可能属于瘗埋石函的相关遗迹⑩。这几件罐（或可称为"钵"）为白胎或白胎略发红，外施青绿色釉，透明度高，玻璃质感强，釉面大

① 森达也：《白釉陶与白瓷的出现年代》，王淑津译，载中国古陶瓷学会编《中国古陶瓷研究》（第十五辑），北京：紫禁城出版社，2009，第79—95页。
② 小林仁：《北齐铅釉器的定位和意义》，《故宫博物院院刊》2012年第5期，第104—111页。
③ 河南省文物局：《安阳北朝墓葬》，北京：科学出版社，2013，第49—65页。
④ 周到：《河南濮阳北齐李云墓出土的瓷器和墓志》，《考古》1964年第9期，第482—484页。
⑤ 河南省文物考古研究所：《河南安阳县固岸墓地2号墓发掘简报》，《华夏考古》2007年第2期，第30—51页。
⑥ 秦大树：《论磁州窑的白釉绿彩装饰及其源流》，载乔登云主编《追溯与探索——纪念邯郸市文物保护研究所成立四十五周年学术研讨会文集》，北京：科学出版社，2007，第317—331页。
⑦ 中国社会科学院考古研究所、河北省文物研究所：《磁县湾漳北朝壁画墓》，北京：科学出版社，2003，第193页。
⑧ 河南省文物考古研究所：《河南安阳固岸墓地考古发掘收获》，《华夏考古》2009年第3期，第19—23页。河南省文物局编《河南省南水北调工程考古发掘出土文物集萃（一）》，北京：文物出版社，2009，第18—24页。
⑨ 中国社会科学院考古研究所、河北省文物研究所邺城考古队：《河北临漳县邺城遗址赵彭城北朝佛寺遗址的勘探与发掘》，《考古》2010年第7期，第31—42页。
⑩ 中国社会科学院考古研究所、河北省文物研究所邺城考古队：《河北临漳邺城遗址核桃园一号建筑基址发掘报告》，《考古学报》2016年第4期，第563—591页。

量细碎开片,垂釉痕明显。在 5 号建筑基址的发掘中,出土了红褐釉和青黄釉琉璃瓦残块①。在对邺南城东魏北齐宫城区范围的调查中,也发现了少量红陶胎、呈不同色调的酱釉陶瓦残件,品种大致包括板瓦、筒瓦、瓦当和脊瓦等②。表明邺城地区除了生产釉陶器皿,还生产少量釉陶建筑构件。

北齐是北方釉陶生产的重要转变期,以高岭土为原料的瓷胎的采用,透明质青黄釉的出现和普遍采用,与隋代以后以相州窑、邢窑和巩义窑为代表的白胎白釉的细白瓷生产传统具有密切的联系。邺城地区以釉陶为代表的陶瓷手工业生产的繁荣发展,也加速了区域开发,夯实了技术储备,为更晚时期陶瓷手工业的技术革新和白瓷的创烧提供了充分的条件。

三、邺城地区早期青瓷的创烧与发展

学界对北朝瓷器的关注,始于河北景县封氏墓群流出的一批陶瓷器。1948 年,河北景县封氏墓群遭盗掘,出土文物 300 件。1955 年,北京历史博物馆张季赴景县调查,通过实地考察和走访当年盗掘之人,确定这批文物出土自北魏正光二年(521)的封魔奴迁葬墓和封延之 [葬于东魏兴和三年(541),妻崔夫人葬于隋开皇九年(589)] 墓、封子绘 [葬于北齐河清四年(565),妻王夫人葬于隋开皇三年(583)] 墓、祖氏墓和另一座墓的墓道。依调查者报道,其中陶瓷器包括浅灰胎青瓷 27 件、白胎黄釉瓷 7 件、棕

酱釉瓷 1 件、酱釉陶 8 件、绿釉陶 3 件,计 46 件。并根据当事人回忆约略确定封魔奴墓出土青瓷碗若干件(件数不详);祖氏墓出土青瓷莲花尊 2 件;封子绘墓出土青瓷盘 1 件,青瓷莲花尊 2 件,青瓷唾壶 1 件,酱釉玉壶春瓶式 1 件,绿釉陶碗 1 件③。

对封氏墓群出土青瓷的讨论主要涉及两个方面:

一为产地。继发掘者判定出土青瓷均为北方产品之后④,封氏墓群中被讨论最多的为 4 件青瓷莲花尊。陈万里认定其为北方青釉标准作品,并据早年隋唐墓出土资料,认为北朝至唐代北方青釉器自成一个体系,进而推断北方青瓷的创造时间可能会更早,烧造的地点可能在河南安阳至林县(今林州市),或者就在汲县(今卫辉市),但限于当时考古资料所限,并未作出明确的推论⑤。磁县贾壁窑发现后,陈万里又指出,从窑址出土的标本看,青瓷的烧成不够成熟,并不能确定封氏墓群出土青瓷的烧造地点,同时也提出了封氏墓群青瓷是否为北方所产,或假设确为北方所产,那么窑址又在哪里的疑问⑥。冯先铭在认定封氏墓群出土青瓷莲花尊为北方青瓷产品的同时,进一步推论湖南、湖北等地南朝墓出土的青瓷莲花尊同属于北方青瓷系统,且湘鄂两地隋墓出土的青瓷器与河南安阳卜仁墓出土的青瓷亦俱属北方青瓷系统⑦。1959 年,周仁等对当时中国历史博物馆调拨的一片封氏墓出土青瓷残片进行检测,据描述,其"釉呈灰色略带黄绿,极薄,有细纹片,胎粗糙呈灰色,有黑点和气孔"。根据检测的结果,属于早期北方青

① 中国社会科学院考古研究所、河北省文物研究所邺城考古队:《河北临漳县邺城遗址核桃园 5 号建筑基址发掘简报》,《考古》2018 年第 12 期,第 43 — 60 页。
② 胡强:《邺南城东魏北齐宫城釉陶瓦及相关问题》,《文物世界》2019 年第 1 期,第 9 — 12 页。
③ 张季:《河北景县封氏墓群调查记》,《考古通讯》1957 年第 3 期,第 28 — 37 页。
④ 同上。
⑤ 陈万里:《中国青瓷史略》,上海:上海人民出版社,1956,第 33 — 34 页。
⑥ 陈万里:《中国瓷器史上存在着的问题》,《文物》1963 年第 1 期,第 5 — 7 页。
⑦ 冯先铭:《略谈北方青瓷》,《故宫博物院院刊》1958 年第 1 期,第 56 — 60 页。

瓷，具体烧造地点未确定①。这一结果为冯先铭所重视，并作为他判定青瓷莲花尊产于北方的论据。他参照业已发现有青瓷器的河北吴桥东魏武定四年（546）封柔夫妇墓的年代，暗示北方青瓷的烧造至少可早至东魏②。参照周仁等的检测结果，《中国陶瓷史》（1982年版）将封氏墓群大部分器物定为北方产品，同时依据河北河间北魏延昌四年（515）邢伟墓等北朝墓葬出土的青瓷产品为依据，推测北朝青瓷产生于北魏晚期，并暗示与孝文帝迁洛后的汉化进程有关。但编者同时也注意到，除山东高唐东魏兴和三年（541）房悦墓出土的一件青瓷碗可能为当时业已发现的唯一一处北齐时期的北朝青瓷窑场——山东淄博寨里窑的早期产品外，北朝墓葬出土青瓷器的产地依然无法确定，仅根据当时已发现的河北磁县贾壁窑、河南巩县窑、河南安阳窑等隋代青瓷窑址，反推河北和河南一带是北方青瓷的中心产区③。刘毅从各地发现的莲花尊纹饰入手，将其分为5世纪中晚期的南北朝中期、6世纪早中期的南北朝晚期及南北朝末期至隋初三期，封氏墓群出土的4件青瓷莲花尊均属第二期，并认为各地出土的莲花尊胎釉特征明显不同，封氏墓

群出土者属于北方青瓷系统，产地在豫北冀南一带尚未发现的窑址④。刘未亦从纹饰入手将出土青瓷莲花尊分为约5世纪末期、约6世纪早中期和约6世纪中晚期三期，并认为包括封氏墓群在内的出土实例均来自湖南湘阴岳州窑⑤。

二为时代。正如郭学雷等指出⑥，封氏墓群出土青瓷的4座墓中3座为纪年墓，本应将这批器物视为纪年器物予以考察，但问题在于这批器物为早年盗掘流出，后经盗掘者的回忆复位于各个墓葬⑦，各件器物的归属及年代已存在着较大的不确定性。又加之这几座墓葬的时代从北魏后期（以521年计）至隋初（以589年计），横跨近70年，而这段时间恰巧又是北方青瓷诞生的敏感时期，因此选取不同的纪年对结论影响甚大。如冯先铭讨论封氏墓群出土的青瓷莲花尊主要参照了调查简报中归位于封子绘墓北齐河清四年（565）的纪年，并将其作为北方青瓷的烧造可早至东魏的论据之一⑧。《中国陶瓷史》虽未明确表述，但应当是采用了封魔奴墓的纪年（521）来作为北朝青瓷产生时间的判断依据⑨。再加上出土青瓷产地本身的争议，三个因素减弱了封氏墓群出土器物在讨论北朝

① 周仁、李家治：《中国历代名窑陶瓷工艺的初步科学总结》，《考古学报》1960年第1期，第80－104页。

② 冯先铭：《新中国陶瓷考古的主要收获》，《文物》1965年第9期，第26－56页。封柔夫妇墓的发现见张平一：《河北吴桥县发现东魏墓》，《考古通讯》1956年第6期，第42－43页。冯先生据简报误采纳封柔卒年东魏武定二年（544）为墓葬纪年。据墓志，封柔夫妇当葬于东魏武定四年（546）。墓志录文见赵超：《汉魏南北朝墓志汇编》，天津：天津古籍出版社，1992，第346－347转369－371页。

③ 中国硅酸盐学会编《中国陶瓷史》，北京：文物出版社，1982，第163－166页。邢伟墓出土资料见孟昭林：《记后魏邢伟墓出土文物及邢蛮墓的发现》，《考古》1959年第4期，第209－201页。但简报仅见文字描述，未刊布线图及照片。房悦墓出土青瓷碗见山东省博物馆文物组：《山东高唐东魏房悦墓清理纪要》，《文物资料丛刊2》，北京：文物出版社，1978，图八。

④ 刘毅：《青瓷莲花尊研究》，载中国古陶瓷研究会编《中国古陶瓷研究》（第四辑），北京：紫禁城出版社，1997，第48－55页。

⑤ 刘未：《北朝墓葬出土瓷器的编年》，载《庆祝魏存成先生七十岁论文集》，北京：科学出版社，2015，第224－253页。

⑥ 郭学雷、张小兰：《北朝纪年墓出土瓷器研究》，《文物季刊》1997年第1期，第85－94页。

⑦ 张季：《河北景县封氏墓群调查记》，《考古通讯》1957年第3期，第28－37页。

⑧ 冯先铭：《新中国陶瓷考古的收获》，《文物》1965年第9期，第26－56页。

⑨ 中国硅酸盐学会编《中国陶瓷史》，北京：文物出版社，1982，第163－166页。

青瓷产生问题时纪年资料应有的作用。

在窑址资料相对欠缺尤其是本身纪年标尺缺乏的情况下，北方青瓷起源时间的结论就主要依靠对北朝墓葬出土瓷器产地的讨论上，尤其是对纪年墓葬（群）出土青瓷产地的判定上。不同的学者在试图得出关于北方青瓷起源时间的结论时，首先需要回答的问题就是那些具有时间点意义的墓葬出土的青瓷是否生产于北方。学者在判定北朝出土青瓷产地时，在北方这一阶段可供对比的资料不足的情况下，多与南朝窑址及墓葬出土品进行比对。起先研究者的着眼点主要放在当时资料及认识相对丰富的早期越窑产品，因为多数北方出土瓷器与越窑产品在胎釉、装饰、装烧等诸多方面存在明显的区别，遂认为即是北方所产。周仁等对封氏墓群出土青瓷残片的检测，亦主要与越窑产品进行对比，且限于有限的数据库容量，以致得出与之化学成分最为相近的标本为北宋汝窑与临汝窑青瓷，进而推定为北方产青瓷的结论[1]。时至今日，依然有许多论者在讨论北朝出土瓷器时，在缺乏窑址材料依据的情况下采取默认的态度来进行推论，即只要是北朝墓葬出土的瓷器就是北方乃至当地所产，进而将北朝瓷器生产的年代推定到北魏时

期[2]。谢明良较早地指出北魏时期青瓷种类不超出南方青瓷范围，否认了北魏生产青瓷，对东魏是否生产青瓷也持怀疑的态度，同时将6世纪前期北魏、东魏墓葬出土青瓷的可能来源指向了南朝长江中游地区，并提出北齐时期北方青瓷确已开始生产的观点[3]。刘未又进一步将关注点放在了长江中游地区两处重要的窑场——湖南湘阴窑（岳州窑）和江西丰城洪州窑。他通过纪年墓葬，建立了北朝出土瓷器编年序列，在将北朝墓葬出土青瓷产品与南方地区墓葬、窑址资料对比后，认为北朝墓葬出土的青瓷器绝大部分为洪州窑和岳州窑的产品。尤其是岳州窑产品在北魏迁洛以后开始逐渐占据优势，并在东西魏、北齐、北周时期独步北方。而真正意义上的北方青瓷的出现只能落实到北齐晚期[4]。笔者认为这一结论是正确的，本卷收录东魏元祐墓、茹茹公主墓、赵胡仁墓出土青瓷，北周尉迟运夫妇墓出土青瓷敛口碗，安阳博物馆藏北齐青瓷刻莲瓣纹六系罐等，应当都是输入的岳州窑青瓷。

从已有的窑址调查与发掘资料来看，江苏徐州户部山窑[5]，山东枣庄中陈郝窑[6]、淄博寨里窑[7]在北齐时期都开始了高温青瓷的生产，但产品主要是胎釉较为粗劣的粗制青瓷。这一时期更为集中的青瓷生产

① 周仁、李家治：《中国历代名窑陶瓷工艺的初步科学总结》，《考古学报》1960年第1期，第80 — 104页。

② 如有论者在讨论河南北朝墓葬出土瓷器时，除了少数几种认定为南方窑场或淄博寨里窑的产品外，将以洛阳为代表的豫西地区北魏以降墓葬出土瓷器均推定为本地产品，并将质量精致者附会为文献所载的"洛京窑"，将豫北地区北齐墓葬出土瓷器定为相州窑产品，并因相州窑曾出土大型器皿的莲瓣装饰瓷片，即认为其与景县封氏墓出土的青瓷莲花尊相同，认定相州窑的时代能早至东魏。见张增午、傅晓东：《河南北朝瓷器刍议》，《中原文物》2003年第2期。又如有论者在讨论河北出土北朝时期青瓷时，除了极少数的个例外，将北魏时期青瓷多定为邢窑产品，而将出土的东魏、北齐时期青瓷定为邢窑、贾壁窑产品。见申献友、曹丽芹：《谈河北早期青瓷》，《文物春秋》2003年第4期，第18 — 27页。

③ 谢明良：《魏晋十六国北朝墓出土陶瓷试探》，《台湾大学美术史研究集刊》1994年第1期，第1 — 37页。

④ 刘未：《北朝墓葬出土瓷器的编年》，载《庆祝魏存成先生七十岁论文集》，北京：科学出版社，2015，第224 — 253页。

⑤ 徐州博物馆：《江苏徐州市户部山青瓷窑址调查简报》，《华夏考古》2003年第3期，第33 — 40页。

⑥ 山东大学历史系考古专业、枣庄市博物馆：《山东枣庄中陈郝瓷窑址》，《考古学报》1989年第3期，第363 — 387页。

⑦ 山东淄博陶瓷史编写组、山东省博物馆：《山东淄博寨里北朝青瓷窑址调查纪要》，载文物编辑委员会编《中国古代窑址调查发掘报告集》，北京：文物出版社，1984，第352 — 359页。

区则在邺城及其周边地区，包括河北临漳邺城及附近窑场[1]、磁县贾璧窑[2]、峰峰临水窑[3]以及河南安阳相州窑[4]均在北齐时期开始生产质量较高的高温青瓷产品。尤其是邺城附近窑场，以高岭土为胎，胎色呈白色、白灰色或浅灰色，一部分产品青釉泛褐色，另有一部分产品青釉泛白，颜色浅淡，器类主要有碗、杯、钵、高足盘等。这一区域内多数窑场青瓷与釉陶同出，表明这些窑场在主要生产釉陶产品的同时进行青瓷产品的生产，且呈现出较高的生产质量[5]。河北磁县西部的贾璧窑，曾于1959年被进行过调查，青瓷产品的器形主要包括碗、高足盘和钵。碗类产品有粗细之分：细类的质量较高，胎质较细，无黑色斑点，淡青绿釉较薄，少有流釉现象；粗类的则胎质较粗，釉色呈青褐色，玻璃质感明显，有流釉现象[6]。河北磁县北齐武平七年（576）高润墓中出土的两件青瓷碗即被发掘者判定为贾璧窑的产品[7]。河北邯郸峰峰矿区的临水窑于20世纪70年代被发现，并由《邯郸陶瓷史》编写组进行了调查，认为此窑的时代可早到北齐时期[8]。2002年，临水窑窑址曾进行较大面积的发掘，第一期遗存主要出土有青瓷碗、高足盘、钵及黑釉瓶，发掘者认为其年代为北朝晚期至隋代[9]。

北方青瓷的创烧是高温制瓷技术随着人群与技术流动由南向北传播的结果，北齐釉陶瓷胎、透明质釉与南方高温青瓷生产技术在邺城地区产生交融，并最终催生了隋代相州窑白瓷的创烧。

四、安阳相州窑的发展与白瓷的创烧

前已述及，北周灭北齐及隋建立时，把北齐都城邺城的人员大量向南迁移至今安阳一带，其中就应包括了手工业者，安阳因此较早地发展了制瓷业[10]。

相州窑发现较早。1974年，河南安阳发现隋代窑址，河南省博物馆等单位进行了调查和试掘，表明这里是一处重要的隋代青瓷窑场[11]。1966—1975年，中国社会科学院考古研究所在安阳殷墟发掘的一批隋代墓葬中出土了数量较多的安阳相州窑的青瓷器，最常见的器物组合为成组的三系或四系罐与一盘多杯（碗）一起随葬，盘又分为高足盘和平底盘两种，此外还有瓶、壶等[12]。器物为灰白色瓷胎，胎质坚致细密，施青釉，釉层均匀，釉色光亮，代表了隋代安

① 黄信：《河北邺城地区陶瓷窑址调查报告》，《文物世界》2018年第1期，第42—53页。
② 冯先铭：《河北磁县贾璧村隋青瓷窑址初探》，《考古》1959年第10期，第546—548页。
③ 庞洪奇：《临水磁州窑初考》，《邯郸学院学报》2006年第16卷第4期，第29—31页。
④ 赵文军：《安阳相州窑的考古发掘与研究》，载中国古陶瓷学会编《中国古陶瓷研究》（第十五辑），北京：紫禁城出版社，2009，第97—109页。
⑤ 黄信：《河北邺城地区陶瓷窑址调查报告》，《文物世界》2018年第1期，第42—53页。
⑥ 冯先铭：《河北磁县贾璧村隋代青瓷窑址初探》，《考古》1959年第10期，第546—548页。
⑦ 磁县文化馆：《河北磁县北齐高润墓》，《考古》1979年第3期，第235—243页。
⑧ 对临水窑的调查由邯郸市峰峰矿区文保所会同《邯郸陶瓷史》编写组及邯郸陶瓷公司部分文物爱好者进行，正式报告未发表，简单的情况作为附录刊于《邯郸陶瓷史》编写组的《贾璧青瓷窑工艺的初步分析》一文中。承秦大树先生见告，谨致谢忱！
⑨ 邯郸市文物保护研究所、峰峰矿区文物保管所：《河北邯郸临水北朝至元代瓷窑遗址发掘简报》，《文物》2015年第8期，第30—57页。
⑩ 齐东方：《隋唐考古》，北京：文物出版社，2002，第122—123页。
⑪ 河南省博物馆、安阳地区文化局：《河南安阳隋代瓷窑址的试掘》，《文物》1997年第2期，第48—56页。
⑫ 中国社会科学院考古研究所安阳工作队：《安阳隋墓发掘报告》，《考古学报》1981年第3期，第369—405页。

阳相州窑的青瓷生产水平。其中一部分碗、杯类器物的胎质细密纯净，釉色呈淡青色泛白或泛黄，这批器物应已属白瓷。

对于相州窑白瓷的认识始自河南安阳隋开皇十五年（595）张盛夫妇墓出土的一批白瓷[1]。关于张盛夫妇墓出土白瓷的产地，发掘者认为与同墓所出青瓷器均为河北磁县贾壁窑场生产[2]。相州窑发掘后，马世之在探讨张盛夫妇墓出土文物时，即通过墓葬出土镇墓俑与相州窑出土者比较，认为张盛夫妇墓白瓷的产地是相州窑[3]。后杨爱玲从 1974 年安阳相州窑址出土的隋代青瓷器中筛查出一批白瓷，通过将之与张盛夫妇墓出土品的胎釉、造型和装饰对比，也得出张盛夫妇墓出土白瓷产自相州窑的观点[4]。2006 年，河南省文物考古研究所等单位又对安阳相州窑进行抢救性发掘，发掘者根据出土资料推断相州窑始烧于北朝晚期，盛于隋，终于唐，并刊布了若干出土的隋代白瓷器物照片[5]。相州窑白瓷生产状况受窑址资料刊布不充分所限，受到的关注较少，具体的生产面貌也不明朗，因此目前认识相州窑白瓷产品面貌最重要的一批资料即以张盛墓为代表的一批安阳地区隋墓出土的白瓷资料。

张盛夫妇墓出土的白瓷器包括白瓷象首龙柄壶、三足盘、灯、仓、俑、剪、凭几、瓶、围棋盘和白釉黑彩侍吏俑[6]。除三足盘可能具有日用器性质外，其余皆为明器。随葬白瓷明器的现象常见于安阳隋墓而不见于其他地区[7]。除张盛夫妇墓外，小屯隋唐墓葬 YM243 出土有白瓷三环组盘、碗、带托高足杯、长颈瓶、仓、长柄炉、鼎形炉、盒、烛台、凭几、侍吏俑等[8]，安阳桥村隋墓出土有杯、案、凭几、长颈瓶等[9]，均包含专用于随葬的明器。最近发现的安阳隋开皇十五年（595）麹庆夫妇墓出土了 33 件精美的白瓷器，器类包括高足盘、碗、钵、罐、瓶、器盖、壶、烛台、方形器、鐎斗、衣庄器、博山式熏炉、三足炉、带座高足杯和靴等，白胎微泛灰，白釉微泛青，施釉均匀，釉色光亮，器形规整，集中反映了隋代相州窑高超的白瓷生产水平[10]。

总体来看，相州窑的瓷器烧造可早至北齐时期，产品主要是质量较为粗劣的青瓷产品。但以其为中心的豫北冀南地区窑场采用了降低胎和釉铁含量的方法，使得胎体呈现灰白色乃至白色，釉色更加透明，逐渐呈现出越来越淡的青色，并最终呈现出微泛青的透明釉，随之这一区域的青瓷窑场的产品从北朝末至

① 考古研究所安阳发掘队：《安阳隋张盛墓发掘记》，《考古》1959 年第 10 期，第 541 — 545 页。

② 同上。

③ 马世之：《关于隋代张盛墓出土文物的几个问题》，《中原文物》1983 年第 4 期，第 72 — 77 页。

④ 杨爱玲：《白瓷的起源与发展——从河南博物院藏白瓷谈起》，《中原文物》2002 年第 4 期，第 71 — 75 页。杨爱玲：《关于安阳隋张盛墓和北齐范粹墓出土白瓷产地问题的研究》，载上海博物馆编《中国古代白瓷国际学术研讨会论文集》，上海：上海书画出版社，2005，第 65 — 94 页。

⑤ 赵文军：《安阳相州窑的考古发掘与研究》，载中国古陶瓷学会编《中国古陶瓷研究》（第十五辑），北京：紫禁城出版社，2009，第 97 — 109 页。

⑥ 考古研究所安阳发掘队：《安阳隋张盛墓发掘记》，《考古》1959 年第 10 期，第 541 — 545 页。张柏主编《中国出土瓷器全集 12·河南卷》，北京：科学出版社，2008，第 28 — 41 页。

⑦ 李鑫：《隋代白瓷的生产、流通与消费》，《故宫博物院院刊》2021 年第 10 期，第 27 — 39 页。

⑧ 石璋如：《中国考古报告集之二·小屯第一本·遗址的发现与发掘·丙编·附录一：隋唐墓葬》，中国台北："中央研究院"历史语言研究所，2005，第 260、265、386 — 399 页。

⑨ 安阳市文物工作队：《河南安阳市两座隋墓发掘报告》，《考古》1992 年第 1 期，第 32 — 45 页。

⑩ 安阳市文物考古研究所、河南省文物考古研究院：《河南安阳隋代麹庆夫妇合葬墓的发掘》，《考古学报》2023 年第 3 期，第 393 — 434 页、439 — 454 页。墓主麹庆葬于隋开皇十五年(595)，夫人韩氏合葬于隋开皇十八年(598)。

隋代逐渐分为粗、细两类①。这一工艺与相州窑早期细白瓷产品的生产直接相关。隋代相州窑的细类青瓷与同窑烧造的白瓷界限非常模糊，后者只是相对而言胎质更加细腻、洁白，釉色更淡。相州窑这种白瓷创烧与发展的模式，即"白胎透明釉"的传统，直接影响到制瓷技术来源于相州窑的河南巩义窑②。巩义窑在中唐以前，白瓷产品基本不使用化妆土③，就是这种白胎透明釉白瓷生产传统的延续和发展。

综上所述，东魏迁都以后，北魏洛阳地区的釉陶生产转移至新都邺城，东魏的釉陶生产仍延续北朝前中期的传统，以生产陶胎酱釉陶器为主。不过东魏的工艺技术更为成熟，能够生产出釉色均匀光亮的高质量酱釉陶器。到北齐时期，邺城地区的釉陶生产发生重要革新，主要生产瓷胎、透明质青黄釉的产品。高温青瓷技术出现以后，邺城地区的窑场同时生产釉陶和青瓷两类产品，同时还带动了周边区域一批窑场的兴起，如磁县贾壁窑、峰峰临水窑、安阳相州窑等，形成北朝后期最重要的陶瓷手工业生产区域。高温青瓷生产技术与北齐新兴釉陶生产技术在邺城地区互动、交融，为白瓷的创烧创造了必要的技术条件。在这一技术背景下，安阳相州窑在隋代创烧白瓷，成为隋代最重要的白瓷窑场之一。纵观北朝晚期至隋代的邺城、安阳地区釉陶、青瓷与白瓷的生产，与唐末五代开始兴起的磁州窑没有直接的联系。不过从更广阔的空间视角来看，这一区域陶瓷手工业的发展，为紧邻邺城的磁州窑的创

烧和发展提供了重要的工艺基础，是认识磁州窑窑业生产历史时不可忽视的一部分。

李 鑫

（中国社会科学院考古研究所）

---

① 秦大树：《早期白瓷的发展轨迹》，载上海博物馆编《中国古代白瓷国际学术讨论会论文集》，上海：上海书画出版社，2005，第 81 — 94 页。

② 王光尧根据唐代杜宝《大业杂记》"（大业三年）十月，敕河北诸郡送工艺户陪东都，三千余家。于建阳门东道北置十二坊，北邻洛水，给艺户居住"的记载推断认为：兴烧于隋代的巩义窑，制瓷工匠开始利用巩义当地瓷土资源进行白瓷的烧造，可能与隋大业三年（607）河北诸郡工艺杂户三千余家迁往洛阳有关。见王光尧：《关于青花起源的思考》，《故宫博物院院刊》2003 年第 5 期，第 58 — 64 页。所引文献点校本见辛德勇：《两京新记辑校·大业杂记辑校》，西安：三秦出版社，2006，第 27 页。

③ 河南省文物考古研究所、中国文化遗产研究院：《河南巩义市白河窑遗址发掘简报》，《华夏考古》2011 年第 1 期，第 62 — 69 页。河南省文物考古研究院、中国文化遗产研究院、日本奈良文化财研究所：《巩义黄冶窑（上下册）》，北京：科学出版社，2016。

目录

重器目录检索

中国磁州窑
文化大系
历代精品典藏

图版

CHINESE CIZHOU KILN CULTURE SYSTEM

THE EXQUISITE PORCELAIN COLLECTION

东魏时期

東魏

酱釉陶广口瓶

高 17 厘米，口径 7.6 厘米，底径 5.8 厘米

1974 年河北省邯郸磁县东陈村东魏武定五年（547）赵胡仁墓出土

磁州窑博物馆藏

*

敞口，宽折沿，长颈较粗，溜肩，鼓腹，平底。上腹部饰两道弦纹。
内外施满釉，釉色上浓下淡，釉面有细碎开片。

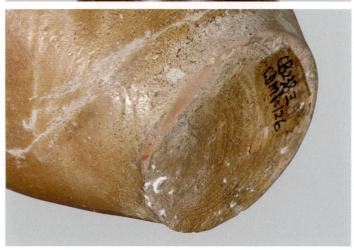

东魏

酱釉陶广口瓶

003

酱釉陶广口瓶

高 16.5 厘米，口径 7.1 厘米，底径 5.5 厘米

1974 年河北省邯郸磁县东陈村东魏武定五年（547）赵胡仁墓出土

磁州窑博物馆藏

*

敞口，宽折沿，长颈较粗，溜肩，鼓腹，平底。上腹部饰弦纹。内外施满釉，
釉色上浓下淡，釉面有细碎开片。

东魏

酱釉陶广口瓶

005

酱釉陶长颈瓶

高 20 厘米，口径 5.5 厘米，底径 5.7 厘米

1974 年河北省邯郸磁县东陈村东魏武定五年（547）赵胡仁墓出土

磁州窑博物馆藏

*

直口，平折沿，束长颈，宽肩较平，弧腹，颈和肩相接处饰弦纹一周，圈足微外撇。瓶身满施酱褐色釉，釉面有细碎开片。

— 东魏时期 —

东魏

酱釉陶小口双系瓶

高 16.7 厘米，口径 4.7 厘米，底径 5.8 厘米

1974 年河北省邯郸磁县东陈村东魏武定五年（547）赵胡仁墓出土

磁州窑博物馆藏

＊

敞口，口沿外卷，束颈，圆肩，腹微鼓，平底。上腹部有两个对称直耳。
内外施满釉，釉色自腹部以下渐淡呈酱黄色，釉面有细碎开片。

酱釉陶双系带柄盘口壶

高 15.6 厘米，口径 4.6 厘米，底径 4.5 厘米

1974 年河北省邯郸磁县东陈村东魏武定五年（547）赵胡仁墓出土

磁州窑博物馆藏

＊

小盘口，束颈，溜肩，肩有对称双耳和一直柱柄，上腹微鼓，平底。内外施满釉，釉色不均，上部较深，下部较淡呈酱黄色，釉面有细碎开片。

— 东魏时期 —

东魏—北齐

酱釉陶双系带柄盘口壶

残高 12 厘米，底径 5.2 厘米

2015 年河北省邯郸临漳县邺城曹村窑址出土

邺城考古队存

*

口沿残缺，束颈，溜肩，肩有对称双系和一执柄，上腹鼓起，下腹斜直，平底。内外施满釉，釉色不均，上部较深，下部较淡呈酱黄色，有弦纹装饰。釉面有细碎开片。据出土同类器可知，残缺的口沿为盘口。

013

酱釉陶四系罐

高 14.5 厘米，口径 9.1 厘米，底径 7.6 厘米

1974 年河北省邯郸磁县东陈村东魏武定五年（547）赵胡仁墓出土

磁州窑博物馆藏

＊

此罐圆唇，口微敛，口沿较宽上折，丰肩，肩部置四个泥条制成的竖系，鼓腹，腹下渐收敛，平底。素面。内外均施酱褐色釉，上浓下淡，有细碎开片。

015

青瓷深腹碗

高 7 厘米，口径 12.4 厘米，底径 4 厘米

2006 年河北省邯郸磁县双庙村东魏天平四年（537）元祐墓出土

邺城考古队存

*

直口略侈，弧腹，饼形足，平底微内凹。口沿处有两道弦纹。器表施青黄色釉。碗内施满釉，外施釉不到底。下腹部及足底露胎，胎体施化妆土。

东魏

青瓷刻莲瓣纹六系罐

高 19.9 厘米，口径 10.5 厘米，底径 9.2 厘米
1978 年河北省邯郸磁县大冢营村东魏武定八年（550）茹茹公主墓出土
磁州窑博物馆藏

*

此罐圆唇，直口微敞，溜肩，肩部置四组共六个桥形系，鼓腹，腹部雕刻覆莲纹饰一周，平底。施青黄色釉至下腹部，釉面有细碎开片。

青瓷仰莲纹盖

高 6.4 厘米，直径 18 厘米
1978 年河北省邯郸磁县大冢营村东魏武定八年（550）茹茹公主墓出土
磁州窑博物馆藏

*

器盖为圆形，其上堆塑两层重叠的仰莲花瓣纹饰，莲瓣中央为圆形纽，纽上塑方形孔，通体施青釉，底部无釉，有裂痕，莲瓣有缺块。

— 东魏时期 —

青瓷细颈瓶

高 14 厘米，口径 5 厘米，底径 5.5 厘米

1974 年河北省邯郸磁县东陈村东魏武定五年（547）赵胡仁墓出土

磁州窑博物馆藏

*

侈口，圆唇，细颈，折肩，鼓腹，实足外撇。通体施青釉，釉不及底。

东魏时期

CHINESE
CIZHOU KILN
CULTURE SYSTEM
THE EXQUISITE PORCELAIN
COLLECTION

北齐、北周时期

东魏—北齐

酱釉陶碗

高 8.2 厘米，口径 16.4 厘米，足径 7.3 厘米
2015 年河北省邯郸临漳县邺城西南窑区出土
河北省文物考古研究院藏

*

圆唇，敞口，深曲腹，饼足外撇，足外削棱，外底微上凹。泥质灰
陶胎，较疏松，低温酱釉呈褐绿色，木光，布满细碎开片，口沿处
有剥釉痕。内外满釉，裹足。外壁上腹部以减地的方式做出两条凸
棱。内外底均存三支钉痕。外底有较多粘渣。

东魏—北齐

酱釉陶碗

高 7.4 厘米，口径 12.9 厘米，足径 6.2 厘米
2015 年河北省邯郸临漳县邺城西南窑区出土
河北省文物考古研究院藏

*

圆唇，敞口，深曲腹，饼足外撇，足外削棱，外底微上凹。泥质红
陶胎，较疏松。低温酱釉呈红褐色，木光，布满细碎开片。内外满
釉，裹足，外底釉层薄，有垂釉。内、外底均存三支钉痕。

东魏—北齐

酱釉陶碗

高 4.4 厘米，口径 9.3 厘米，足径 4.1 厘米
2015 年河北省邯郸临漳县邺城倪辛庄窑区出土
河北省文物考古研究院藏

*

圆唇，侈口，深斜曲腹，饼足外撇，足外削棱，外底上凹。红褐色
夹砂瓷胎，较粗而坚致。低温酱釉呈褐色，较光亮，釉面较多杂质。
内壁满釉，外壁施釉至上腹部，垂釉明显。外壁上腹部以减地的方
式做出两条凸棱。

酱釉陶四系罐

高14厘米，口径9.4厘米，底径8厘米

1971年河北省石家庄平山县上三汲村北齐天保二年（551）至隋开皇八年（588）崔昂夫妇墓出土

河北博物院藏

＊

直口微敛，扁平唇，广肩，肩上有四系，上腹部鼓，下腹做反弧形内收，平底。腹上部刻划弦纹两周。砖红色胎，内外满施褐釉，罐体上半部分釉色较深呈黑褐色，下半部分较浅呈茶褐色，釉色莹亮，显示出较高的工艺水平。

北齐

酱釉陶绿彩贴花高足杯

高 7.3 厘米，口径 7.9 厘米

日本大阪市立东洋陶瓷美术馆藏

*

尖唇，侈口，深曲腹，喇叭形高足，高足中部凸棱一周，足端外
撇近平，足底上凹。白灰胎较细。低温酱釉，木光，施釉及底，
外底垂釉。外壁腹部贴花装饰，上下联珠纹各一周，两条联珠纹
之间圆形凸点纹一周，联珠纹及凸点纹均施透明质低温绿釉，呈
较深的青绿色，联珠纹尖部多露胎。

绿釉陶碗

高 8.4 厘米，口径 12 厘米，足径 4.6 厘米
2015 年河北省邯郸临漳县邺南城遗址宫城区出土
邺城考古队存

＊

尖唇，直口，深腹，壁微鼓，饼足内凹。施青绿釉，
内满釉，底有三个支钉痕，外壁施釉至下腹，有流釉
现象。胎质灰白细腻。

北齐—隋

绿釉陶贴花高足杯

高 8.5 厘米，口径 7.5 厘米，足径 4.5 厘米

日本常盘山文库藏

*

圆唇，侈口，口沿下微束，深圆曲腹，圜底，下接喇叭形高足，
高足上部出棱，足端外撇近平，外底上凹。白灰胎较细。内外满
施低温绿釉，垂釉明显，釉色斑驳，釉面较光亮，布满细碎开片。
外壁贴花装饰，腹部上下凸棱各一周，凸棱之间连珠纹斜向分布
形成平行四边形区域，区域内靠近上部凸棱处贴圆形凸点纹，靠
近下部凸棱处连珠纹一周将平行四边形装饰区域分为上下两层，
下部凸棱下近底处又饰连珠纹一周。

北齐

黄绿双色釉陶贴花高足杯

高 8.1 厘米，口径 9.3 厘米，足径 5.4 厘米

2005 年河南省濮阳市濮阳县这河寨村北齐武平七年（576）李亨墓出土

濮阳市博物馆藏

＊

圆唇，侈口，深曲腹，平底，下接实心喇叭形高足，足端外撇近平、向内斜削。白胎较细。内壁施低温酱釉，釉色棕黄，外壁施低温绿釉，呈鲜艳的绿色，釉面光亮。外壁口沿处减地形成凸棱，腹部纹饰区略高于口沿面。腹部贴塑圆形贴花装饰，单圈凸棱内贴花人物纹或人物骑马纹。

北齐—隋

黄绿双色釉陶贴花深腹碗

高9厘米，口径11.8厘米

日本大阪市立东洋陶瓷美术馆藏

＊

圆唇，直口微侈，深曲腹，高饼形足，外撇，足底微上凹。白胎细腻。
内壁施棕黄色釉，光亮，釉色不匀，布满细碎开片。外壁施绿釉，光亮，
布满细碎开片，口部酱釉向下垂流与绿釉交融，施釉至近底处。口沿下
两道凹弦纹之间贴联珠纹一周，其下腹部以联珠纹圈出五个圆形开光间
隔分布，开光内贴圆形凸点纹七个，圆形开光之间上下各贴一个圆形凸
点纹相隔，联珠及凸点尖部多露胎，下腹部凹弦纹一周。外底三处细条
形支钉痕。

北齐

青黄釉陶深腹碗

高 5.8 厘米，口径 8.2 厘米，足径 3.4 厘米
2015 年河北省邯郸临漳县邺南城遗址宫城区出土
邺城考古队存

*

圆唇，直口，深腹，饼足内凹。器身施青黄色釉，
釉色呈黄色，下腹部及足露出黄褐色胎体。胎质
疏松粗糙。

北齐

青黄釉陶深腹碗

高 7.4 厘米，口径 12.4 厘米，足径 6.2 厘米
2004 年河北省邯郸临漳县邺南城赵彭城佛寺遗址
西南院落出土
邺城考古队存

*

直口略侈，饼形足，平底微内凹。胎表面呈淡粉
黄色，施青黄色釉，釉色呈黄色。碗内施满釉，
内底残存三个支钉痕。外施半釉，仅覆盖上腹部，
并有流釉现象。下腹部及足底露胎。外壁有顺时
针轮制痕迹。

东魏—北齐

青黄釉陶深腹碗

高 5 厘米，口径 7.9 厘米，足径 3.3 厘米
2015 年河北省邯郸临漳县邺南城遗址宫城区出土
邺城考古队存

＊

圆唇，口微撇，深腹，饼足内凹。器身施青黄色
釉，釉色呈黄色，下腹部及足露出黄褐色胎体，
有流釉现象。胎质疏松粗糙。

东魏—北齐

青黄釉陶深腹碗

高 5.2 厘米，口径 7.9 厘米，足径 3.2 厘米
2015 年河北省邯郸临漳县邺南城遗址宫城区出土
邺城考古队存

＊

圆唇，口微撇，深腹，壁微鼓，饼足内凹。器身
施青黄色釉，下腹部及足露出黄褐色胎体，有流
釉现象。胎质疏松粗糙。

北齐

青黄釉陶深腹碗

高 9 厘米，口径 10.9 厘米，足径 4 厘米
2015 年河北省邯郸临漳县邺南城遗址宫城区出土
邺城考古队存

＊

尖唇，深腹，直壁，饼足内凹。胎体薄，质坚。施
青黄釉，碗内满釉，内底有三枚支钉痕，有窑粘，
外施釉至下腹，有流釉现象。釉面有细碎开片。

北齐

青黄釉陶深腹碗

高 8.2 厘米，口径 11.1 厘米，足径 4.3 厘米
2015 年河北省邯郸临漳县邺南城遗址宫城区出土
邺城考古队存

＊

尖唇，深腹，直壁，饼足内凹。胎体薄，质坚。施
青黄釉，碗内满釉，内底有三枚支钉痕，有窑粘，
外施釉至下腹，底足无釉。釉面有细碎开片。

北齐

青黄釉陶深腹碗

高 7.4 厘米，口径 9.2 厘米，足径 3.8 厘米
1978 年河北省邯郸磁县孟庄村北齐天保四年（553）元良墓出土
磁州窑博物馆藏

*

尖唇，深腹直壁，饼足内凹，胎体尖薄。内外施青黄釉，个别
地方微泛黄，釉面有细碎开片。

北齐

青黄釉陶深腹碗

高 9.2 厘米，口径 11.9 厘米，足径 5.1 厘米
1978 年河北省邯郸磁县孟庄村北齐天保四年（553）元良墓出土
磁州窑博物馆藏

*

尖唇，深腹直壁，实足内凹。胎体薄，质坚。施青黄釉，釉色
微泛黄，内施满釉，外施釉至下腹，底足无釉。

北齐

青黄釉陶深腹碗

高 6.7 厘米，口径 7.8 厘米，足径 3 厘米

1978 年河北省邯郸磁县孟庄村北齐天保四年（553）元良墓出土

磁州窑博物馆藏

＊

尖唇，深腹直壁，饼足内凹，胎体坚薄，器形规整。内外施青黄釉。

北齐

青黄釉陶深腹碗

高 8 厘米，口径 9.9 厘米，足径 3.8 厘米

日本常盘山文库藏

*

尖唇，直口，深曲腹，高饼形足外撇。白胎细腻。
透明质低温青黄釉，光亮，布满细碎开片。满釉支
烧。外底存三处细小的支钉痕。

北齐

北齐

青黄釉陶深腹碗标本

高 8.9 厘米，口径 8.7 厘米，足径 3.8 厘米

2015 年河北省邯郸临漳县邺城倪辛庄窑区出土

河北省文物考古研究院藏

*

方唇，直口，深曲腹，上腹竖直微外斜，下腹圆曲内收，饼形足外撇，外底微上凹。粉色瓷胎，较疏松。透明质低温青黄釉，光亮，布满细碎开片，内壁较多落渣形成的褐色垂流痕迹。内壁满釉，外壁施釉至上腹部，口沿处有剥釉。

北齐

青黄釉陶深腹碗标本

高 6.7 厘米，口径 8.2 厘米，足径 3.2 厘米

2015 年河北省邯郸临漳县邺城倪辛庄窑区出土

河北省文物考古研究院藏

＊

圆唇，直口，深曲腹，上腹竖直，下腹圆曲内收，高饼足微外撇，外底上凹。白色瓷胎，较细腻。透明质低温青黄釉，较光亮，满布细碎开片。满釉裹足，内底无釉。外底存三支钉痕。

北齐

青黄釉陶深腹碗标本

高 5.8 厘米，口径 7.9 厘米，足径 3.5 厘米
2015 年河北省邯郸临漳县邺城倪辛庄窑区出土
河北省文物考古研究院藏

＊

圆唇，直口，深曲腹，上腹竖直外斜，下腹圆曲内收，
高饼形足外撇，足外削棱，外底微上凹。红褐色夹砂
瓷胎，较粗而坚致。低温青黄釉，木光，布满细碎开
片，有垂釉。内外均施釉至下腹部。碗上部内外爨烟
泛黑色。

北齐

青黄釉陶钵组合

大钵

通高 13.8 厘米，腹径 15.2 厘米，足径 6.5 厘米

小钵

通高 9.3 厘米，腹径 8.8 厘米，足径 4.0 厘米

通高 9.3 厘米，腹径 9.0 厘米，足径 3.9 厘米

通高 9.4 厘米，腹径 9.1 厘米，足径 3.8 厘米

通高 9.7 厘米，腹径 9.1 厘米，足径 4.25 厘米

2012 年河北省邯郸临漳县邺南城遗址核桃园北齐大庄严寺 1 号塔基出土

邺城考古队存

＊

大钵。带盖，器盖呈圆形，顶部有锥形纽，子母口，盖上有三周双线同心圆凹弦纹。敛口，尖圆唇，鼓腹，假圈足，平底微内凹，口部及腹部饰四周双线同心圆凹弦纹。胎呈白色，较细腻，器盖外表面及器身内外遍施青黄釉，器身外表面施釉不及底，局部有流釉。

小钵。带盖，器盖呈圆形，顶部饰锥形纽，子母口，盖上有两周同心圆凹弦纹。敛口，鼓腹，饼形足略外撇，平底微内凹，口部及腹部饰同心圆双线凹弦纹。白胎略发红，器盖外表面和器身通体施青黄釉，器身内施满釉，外釉不及底，局部有流釉。

北齐

青黄釉陶盘

高 5.7 厘米，口径 42.8 厘米，足径 32.3 厘米

1978 年河北省邯郸磁县孟庄村北齐天保四年（553）元良墓出土

磁州窑博物馆藏

＊

圆唇，直沿，圈足外撇，盘中央饰连珠纹一圈，向外刻划有四条
圆线，两线一组，外大内小，另有弧线和花瓣穿插点缀。胎微红
坚硬，施青黄釉。口沿残缺，粘对修复。

北齐

青黄釉陶高足盘

高 6.9 厘米，口径 11.9 厘米，足径 7.1 厘米

1978 年河北省邯郸磁县孟庄村北齐天保四年（553）元良墓出土

磁州窑博物馆藏

＊

浅直盘，盘底平，下接喇叭形圈足，圈足粗短、束腰、足外撇，
通体素面无纹，多处脱釉。

北齐

青黄釉陶高足盘

高 16.5 厘米，口径 38 厘米，足径 22 厘米

磁州窑博物馆藏

＊

浅直盘，盘底平，下接喇叭形圈足，圈足粗短、束腰、
足外撇，通体素面无纹，整体器形硕大。盘及圈足外
通体施青黄釉，粘接修复。

北齐

青黄釉陶高足盘

高 16.4 厘米，口径 37.4 厘米

日本大阪市立东洋陶瓷美术馆藏

＊

斜方唇，侈口，折腹，上腹斜直微内曲，下腹平收，下接高喇叭形足，足端外撇。白灰胎较细。透明质低温青黄釉，光亮，布满细碎开片，有垂釉。内壁满釉，外壁盘身施釉及底，高足施釉及足端，盘身与高足相接处有露胎。内壁上腹近折腹处凹弦纹两周，内底由外向内分别饰双线凹弦纹两组、单线宽凹弦纹一周，高足近足端处双线凸弦纹两组。内底三处支钉痕。

北齐

青黄釉陶高足盘

高 18.2 厘米，口径 35 厘米，足径 23.4 厘米

邯郸市博物馆藏

＊

浅直盘，盘底平，下接喇叭形圈足，圈足粗短、束腰、
足外撇，通体素面无纹，整体器形硕大。盘及圈足外
通体施青黄釉，圈足内部无釉，露灰褐色胎体。通体
残，粘接修复，部分补配。

北齐

青黄釉陶高足盘

高 12.8 厘米，口径 14.9 厘米，足径 11.4 厘米

2015 年河北省邯郸临漳县邺城西南窑区出土

河北省文物考古研究院藏

＊

方唇，敞口，折腹，上腹竖直内曲，下腹内折斜收，喇
叭形高足。粉红色瓷胎，细腻。低温青黄釉，较光亮，
釉面大量黑褐色及气孔。内壁满釉，外壁施釉及足。内
底存三支钉痕。

北齐

青黄釉陶高足盘

高 13.5 厘米，口径 15 厘米，足径 10.5 厘米

1975 年河北省邯郸磁县东陈村北齐天统三年（567）尧峻墓出土

磁州窑博物馆藏

＊

浅直盘，盘底平，下接喇叭形圈足，圈足细长、束腰、足外撇，通体素面无纹，整体器形硕大。盘及圈足外通体施青黄釉，圈足内部无釉。

北齐

青黄釉陶高足盘

高 13 厘米，口径 14.9 厘米，足径 10.8 厘米

临漳县文物保管所藏

*

浅直盘，盘底平，下接喇叭形圈足，束腰，足外撇。

胎色灰白，通体施青黄釉，素面无纹。

北齐

青黄釉陶高足盘标本

残高 12.6 厘米

2015 年河北省邯郸临漳县邺城倪辛庄窑区出土

河北省文物考古研究院藏

＊

盘身残，存盘底及喇叭形高足上部。白灰色瓷胎细腻，较疏松。
青黄釉，光亮，布满细碎开片。内外满釉，足内施釉。

北齐

青黄釉陶高足盘

残高 6.2 厘米，口径 14.3 厘米

2015 年河北省邯郸临漳县邺城西南窑区出土

河北省文物考古研究院藏

＊

方唇，敞口，折腹，上腹竖直内曲，下腹内折斜收，
喇叭形高足残，存足上部。瓷胎呈红褐色，较细腻坚
致。低温青黄釉呈黄褐色，木光，布满细碎开片。内
外满釉，足内无釉。

北齐

青黄釉陶盘、盒及罐组合

①青黄釉陶大高足盘高 14.8 厘米，口径 34.4 厘米

②青黄釉陶黄绿彩高足盘

③青黄釉陶黄绿彩平底盘

④青黄釉陶盒

⑤青黄釉陶绿彩罐

日本山口县立萩美术馆·浦上纪念馆藏

＊

青黄釉陶大高足盘，圆唇，侈口，折腹，上腹斜直内曲，下腹平收，下接高喇叭形圈足，足端外撇近平。白灰胎较细。透明质低温青黄釉，光亮，布满细碎开片，局部有剥釉。内壁满釉，外壁施釉及足。上腹近折腹处凹弦纹一周。内底有三处支钉痕。

青黄釉陶黄绿彩高足盘，圆唇，敞口，折腹，上腹斜直，斜腹平收，下接高喇叭形足，足端外撇近平。白灰胎较细。

透明质低温青黄釉，光亮，布满细碎开片，高足外壁大块剥釉。内壁满釉，外壁施釉及足。内壁自口沿至内底施加相间排列的纵向黄绿彩条形装饰，彩饰与釉层相融晕散，黄彩呈棕褐色，绿彩呈较深的墨绿色。

青黄釉陶黄绿彩平底盘，尖唇，折沿，浅斜曲腹，小平底。白灰胎较细。透明质低温青黄釉较光亮，布满细碎开片。内壁满釉，外壁施釉及底。内底凹弦纹两周，口沿及内壁施加相间排列的纵向黄绿彩条形装饰，彩釉相融晕散，黄彩呈浅棕褐色，绿色呈较深的墨绿色。内底三处支钉痕。

青黄釉陶盒，失盖，圆唇，高子口，母口极窄，直腹，平底。白灰胎较细。透明质青黄釉，较光亮，布满细碎开片，有垂釉。内壁满釉，外壁施釉及底。

青黄釉陶绿彩罐，圆唇，卷沿，矮束颈，溜肩，鼓腹，最大腹径在腹上部，下腹斜曲内收，平底。黄灰胎较粗。釉下施白色化妆土，外罩透明质低温青黄釉，光亮，布满细碎开片，有垂釉。外壁化妆土及釉施至下腹部。外壁肩部至下腹部施加纵向绿彩条带形装饰，彩釉相融晕散，呈深绿色。口沿处三处细条形支钉痕，可能加盖同烧。

北齐

灰陶盘、青黄釉陶碗组合

灰陶盘高 4 厘米，口径 37 厘米

青黄釉陶碗高 7 厘米—9 厘米，口径 7.8 厘米—11 厘米

1985 年河北省邯郸磁县孟庄村北齐武平五年（574）元始宗墓出土

邯郸市文物保护中心藏

*

灰陶盘圆唇，侈口，折腹，平底。紧贴口沿内侧有一周凸棱，盘底饰有弦纹三组共七道。

青黄釉陶碗五件，尖唇，深腹直壁，饼足内凹，胎体坚薄，器形规整。施青黄釉，内壁满釉，外壁施釉至下腹部，釉面光洁，有细碎开片和垂釉现象。

北齐

红陶盘、青黄釉陶碗组合

盘高 5 厘米，口径 42 厘米，底径 35 厘米

碗高 5.8 厘米—7.3 厘米，口径 7.1 厘米—9.8 厘米，足径 3.1 厘米—4.2 厘米

2005 年河南省濮阳市濮阳县这河寨村北齐武平七年（576）李亨墓出土

濮阳市博物馆藏

＊

红陶盘，圆唇，敞口，浅斜曲腹，平底。泥质红陶，细腻。口沿下凹弦纹一周。青黄
釉陶碗八件，尖圆唇，直口，深曲腹，饼足外撇，足外削棱。白胎较细。透明质低温
青黄釉，釉色呈淡青或青黄色，较光亮，布满细碎开片。内壁满釉，外壁施釉至腹部。

北齐

青黄釉陶唾壶

高 8.1 厘米，口径 4.6 厘米，腹径 7.7 厘米，足径 5 厘米

2009 年河北省石家庄赞皇县西高村北齐天保三年（552）李秀之迁葬墓出土

河北博物院藏

＊

盘口微侈，圆唇，束颈，斜肩，鼓腹，假圈足微内凹。内外均施青黄釉，
釉色青中泛黄，上有开片。颈、肩、腹部分别装饰三组弦纹。器形小巧，
精致规整。

北齐

青黄釉陶唾壶

高 14 厘米，口径 8.5 厘米，底径 9 厘米

2013 年河北省邯郸磁县双庙村双庙墓群 M50 出土

磁州窑博物馆藏

＊

圆唇，盘口外敞，束颈，溜肩，扁鼓腹，圈足。圆盖，外平边，
内凹陷，中间有一桃形纽。施青黄釉，下腹和底足无釉。

北齐

青黄釉陶龙柄鸡首壶

高 46 厘米，底径 12.5 厘米

1975 年河北省邯郸磁县东槐树村北齐武平七年（576）高润墓出土

磁州窑博物馆藏

＊

盘口微敞，束长颈，颈部有两道凸弦纹。壶把龙首形，高于壶口，
龙口衔壶口，细长的龙颈柄连接肩部。肩部有鸡首和四个桥形系。
鼓腹平底。灰白色胎，胎体厚重。通体施青黄釉，釉色莹润。鸡首
和龙柄遥相呼应，造型新颖，生动大方。

083

青黄釉陶莲花尊

高 53.3 厘米，口径 16.7 厘米，腹径 26.6 厘米，足径 18.4 厘米

2015 年河北省邯郸临漳县义城村京港澳高速省界收费站项目发掘出土

河北省文物考古研究院藏

＊

喇叭敞口，圆唇，长颈，颈中部三道堆塑凸弦纹将颈分为上下两部分，分别均匀贴塑三个圆形兽面纹，两层兽面纹上下位置相错。尊身椭圆形，肩部均匀分布三枚方形系组。尊身上腹部堆塑两层俯莲花瓣，下腹部由一道凸弦纹一分为二，上部均匀分布贴塑花穗贴片，下部均匀贴塑鸟形贴片。底座为喇叭型，贴塑有单层仰莲花瓣。胎体白色，较疏松。周身施低温青黄釉，釉色青绿，光润匀薄。

0　6　12　18cm

085

北齐

青黄釉陶盖罐

高 11 厘米，底径 5.6 厘米

1978 年河北省邯郸磁县孟庄村北齐天保四年（553）元良墓出土

磁州窑博物馆藏

*

子母口，卷沿，圆肩，上腹鼓，下腹收，平底。盖顶中心有一圆
纽，盖面装饰数道弦纹。通体施青黄釉，釉面有开片，平底无釉。

北齐

青黄釉陶罐

高 25.5 厘米，口径 10.5 厘米
1975 年河北省邯郸磁县东槐树村北齐武平七年（576）高润墓出土
磁州窑博物馆藏

*

侈口，厚圆唇，短束颈，圆鼓腹，平底。土黄色胎，胎体厚重。
器表施青黄釉，釉色莹亮，有细密开片。

北齐

青黄釉陶罐

高 23.5 厘米，口径 9.2 厘米，底径 9.5 厘米
1975 年河北省邯郸磁县东陈村北齐天统三年（567）尧峻墓出土
磁州窑博物馆藏

*

侈口，厚圆唇，短束颈，圆鼓腹，平底。土黄色胎，胎体厚重。器表施青黄釉，
釉色莹亮，有细密开片。

北齐

青黄釉陶罐

高 23.3 厘米，口径 9 厘米，底径 10 厘米

1975 年河北省邯郸磁县东陈村北齐天统三年（567）尧峻墓出土

磁州窑博物馆藏

※

侈口，厚圆唇，短束颈，圆鼓腹，平底。土黄色胎，胎体厚重。器表施青黄釉，
釉色莹亮，有细密开片。

北齐

青黄釉陶罐标本

高 20 厘米，口径 8.4 厘米，底径 7.7 厘米

2009 年河北省邯郸磁县讲武城村墓葬出土

磁州窑博物馆藏

＊

圆唇，侈口，短束颈，鼓腹，下腹斜收，平底。肩部
饰两周弦纹，器身施青黄釉至下腹部，釉色光亮，有
细碎开片及垂釉现象。

北齐

青黄釉陶罐

高 13.4 厘米，口径 5.6 厘米，底径 4.6 厘米

安阳博物馆藏

*

斜方唇，侈口，矮领，圆溜肩，鼓腹，平底。白胎细腻。透明质
低温青黄釉，釉下施白色化妆土，釉色青绿，光亮，有垂釉，布
满细碎开片。内壁满釉，外壁施釉至腹中部。口部有多处落渣形
成的黑褐色污点。腹部存一处圆形粘连痕迹。

东魏—北齐

青黄釉陶小罐

高 12.8 厘米，口径 5.5 厘米，底径 5.9 厘米

2015 年河北省邯郸临漳县邺南城遗址宫城区出土

邺城考古队存

＊

小口，圆唇，卷沿，短颈，溜肩，鼓腹，平底。器表
施青黄釉，下腹部及足底露胎，胎质粗糙。

097

青黄釉陶刻莲瓣纹罐

高 30.2 厘米，口径 13 厘米，底径 15.5 厘米

1975 年河北省邯郸磁县东槐树村北齐武平七年（576）高润墓出土

磁州窑博物馆藏

＊

圆唇，口沿外卷，短颈，鼓腹，平底。肩部刻八组覆莲瓣纹，莲瓣尖下饰凸棱一周，棱下有两道弦纹。灰白胎，胎体粗重。施青黄釉，施釉不均，釉面有开片。

北齐

青黄釉陶刻莲瓣纹盖罐

高 31.9 厘米，口径 12.7 厘米，底径 13.5 厘米

1975 年河北省邯郸磁县东槐树村北齐武平七年（576）高润墓出土

磁州窑博物馆藏

＊

罐口微敞，口沿外卷，短颈，圆鼓腹，平底。弧形盖，盖中心有一桃形
纽，盖面刻覆莲瓣纹，下饰两道凸弦纹。肩部刻八组覆莲瓣纹，莲瓣
尖下衬托凸棱一周，再下刻两道弦纹。胎呈白色，胎体厚重。施青黄釉，
近底处流釉不均，釉面有细密开片，整体规整庄重。

101

北齐

青黄釉陶刻莲瓣纹四系盖罐

通高 18.5 厘米，罐高 15 厘米，口径 6 厘米，腹径 15 厘米，底径 6.8 厘米；盖高 4.3 厘米，直径 7.9 厘米，口径 4.8 厘米
2008 年河南省安阳市安阳县洪河村东魏天平四年（537）至北齐赵明度夫妇墓出土
安阳市文物考古研究院藏

*

罐方唇，直口，矮直领微内斜，溜肩，圆形鼓腹，最大腹径在腹中部，上部器身做出覆莲瓣形，莲瓣尖部在腹中部外伸形成一周凸棱，高饼形足外撇，足外削棱，足心为上凹，肩部置横置四方形系，系下部穿圆孔。白胎细腻。透明质低温青黄釉，光润，布满细碎开片。施釉及足，有垂釉。外底有支烧痕，边缘有明显积釉。罐身刻花装饰。四系以下肩部刻凹弦纹一周，上腹部深刻双重七瓣覆莲瓣纹，莲瓣内浅刻卷叶纹装饰。

盖方唇，矮子口，宽直沿，盖面平，中部出台隆起，顶置宝珠形纽。白胎细腻。透明质低温青黄釉，光亮，盖面施釉。

北齐

青黄釉陶刻莲瓣纹四系盖罐

通高 18.5 厘米，罐高 16 厘米，口径 6 厘米，腹径 15 厘米，底径 6.5 厘米；盖高 4.5 厘米，直径 7.7 厘米，口径 4.9 厘米
2008 年河南省安阳市安阳县洪河村东魏天平四年（537）至北齐赵明度夫妇墓出土
安阳市文物考古研究院藏

*

罐方唇，直口，矮直领微内斜，溜肩，圆形鼓腹，最大腹径在腹中部，上部器身做出覆莲瓣形，莲瓣尖部在腹中部外伸形成一周凸棱，高饼形足外撇，足外削棱，足心为上凹，肩部横置四方形系，系下部穿圆孔。白胎细腻。透明质低温青黄釉，光润，布满细碎开片。施釉及足，有垂釉。外底边缘有明显积釉。罐身刻花装饰。四系以下肩部刻凹弦纹一周，上腹部深刻双重七瓣覆莲瓣纹，莲瓣内以刻划和戳刺的方式描绘桃形装饰。

盖方唇，矮子口，宽直沿，盖面平，中部出台隆起，顶置宝珠形纽。白胎细腻。透明质低温青黄釉，光亮，盖面施釉。

105

北齐

青黄釉陶刻莲瓣纹四系盖罐

通高 26.1 厘米，罐高 23.8 厘米，口径 8.9 厘米，底径 9.8 厘米，盖径 10.3 厘米

2005 年河南省濮阳市濮阳县这河寨村北齐武平七年（576）李亨墓出土

濮阳市博物馆藏

＊

罐方唇，直口，矮直领内斜，溜肩，长椭圆形鼓腹，最大腹径在腹中部略偏下，最大腹径腹部外凸形成凸棱，下腹斜直内收，平底，肩部置四个方形横系，中部穿圆孔。白胎较细。透明质低温青黄釉，釉色呈较明艳的淡绿色，较光亮，布满细碎开片。内壁满釉，外壁施釉至下腹部，垂釉明显。口沿下、领肩相接处及肩部凹弦纹各一周，凸棱以上腹部刻划双重覆莲瓣纹，莲瓣上刻划纵向线条表现花脉。

盖方唇，直口，盖沿下斜，弧形盖面，顶部近平，中心置宝珠形纽。胎釉特征与罐身相同。盖面施釉，盖内无釉。

北齐

青黄釉陶刻莲瓣纹四系罐

高 23.5 厘米，口径 12 厘米

邯郸市博物馆藏

＊

青瓷。直口微敞，圆肩，深圆腹，圈足，肩部有四个突出的粗壮环形系，中腰对接处堆塑一周模印莲瓣纹装饰。内外通体施青黄色釉，釉面光洁，釉中含有褐色斑点，在器表形成流动痕迹，釉面布满细小开片。该器物征集时残损严重，口部、圈足残缺大半，一系残断，通体粘接、补配修复。

北齐

青黄釉陶刻莲瓣纹四系罐标本

残高 18 厘米，口径 6.5 厘米
2009 年河北省邯郸磁县讲武城村墓葬出土
磁州窑博物馆藏

*

方唇，直口微敞，高领，圆肩，鼓腹，足部缺失。肩部剩余两系（据同类型
器可知应为四系），另饰两周弦纹，下接数道竖弦纹，腹部对接处堆塑一周
模印覆莲纹装饰。施青黄釉至下腹部，釉面有细碎开片。

北齐

青黄釉陶刻莲瓣纹罐标本

残高 11 厘米，底径 9.8 厘米

2009 年河北省邯郸磁县讲武城村墓葬出土

磁州窑博物馆藏

*

此罐残缺，仅存下腹和底部，下腹堆塑一周模印覆莲纹装饰，宽圈足。施青釉至近底，釉面有细碎开片。胎质疏松，有脱釉现象。

北齐

青黄釉陶长柄灯

高 20 厘米，上盘径 8 厘米，下盘径 14.5 厘米

2009 年河北省石家庄赞皇县西高村北齐天保三年（552）李秀之迁葬墓出土

河北博物院藏

＊

长柄灯由灯碗、灯柄、底座三部分组成。上部灯碗呈八瓣莲花形，中间有环形柱用以固定灯烛。中部为八棱形长柄。下部托盘为圆形，浅盘，斜壁，平底，中心部分凸起。下承喇叭形高圈足。通体施青黄釉，釉层薄而透明，上有开片。造型简约，美观大方。

北齐

青黄釉陶烛台

高 9.5 厘米，直径 20.7 厘米，足径 12.3 厘米

1975 年河北省邯郸磁县东槐树村北齐武平七年（576）高润墓出土

磁州窑博物馆藏

*

圆唇，敞口，浅腹盘，盘中心有圆筒状插烛座，下承喇叭形足，足较高。胎土黄，胎体厚重。
内外满施青黄釉，釉面莹亮有黑点。口沿及足部缺块，修补。

北齐

青黄釉陶烛台

高 9.8 厘米，直径 20.5 厘米，足径 11.9 厘米

1975 年河北省邯郸磁县东槐树村北齐武平七年（576）高润墓出土

磁州窑博物馆藏

＊

圆唇，敞口，浅腹盘，盘中心有圆筒状插烛座，下承喇叭形足，足较高。胎土黄，胎体厚重。
内外满施青黄釉，釉面莹亮有黑点。多处缺失修补。

北齐

青黄釉陶六足砚

高 6 厘米，口径 11 厘米
2013 年河北省邯郸磁县双庙村双庙墓群 M50 出土
磁州窑博物馆藏

*

砚面中心为圆形台，口部较高，形成环形砚池。
底沿贴塑六个蹄形足，足上部兽面较模糊。内外
施青黄釉，台上有支钉痕，外底中心无釉。口沿
多处残缺，两足断裂修补。

北齐

青黄釉陶虎子

高 11 厘米，长 15 厘米

1978 年河北省邯郸磁县孟庄村北齐天保四年（553）元良墓出土

磁州窑博物馆藏

＊

虎子为墓葬出土的便器。虎为半卧位，虎头昂首上仰，口圆张
为流，一拱形提梁连接项、臀部，四足蜷缩，胸肩部雕有饰件，
釉脱落，制作精美，造型生动。

北齐

青黄釉琉璃瓦残块

残长 7.7 厘米，残宽 8.5 厘米，厚 1.85 厘米

2014 年河北省邯郸临漳县邺南城遗址核桃园北齐大庄严寺
5 号门址出土

邺城考古队存

＊

砖红胎。凸面施青黄釉，局部有细冰裂纹，凹面饰布纹，
边缘磨制平整。

北齐

红褐釉琉璃瓦残块

残长 6 厘米，残宽 4 厘米，厚 1.2 厘米

2014 年河北省邯郸临漳县邺南城遗址核桃园北齐大庄严寺
5 号门址出土

邺城考古队存

＊

砖红胎。凸面施红褐色釉，密布细冰裂纹，凹面饰布纹。

北齐

青黄釉陶绿彩刻花四系罐

高 23.5 厘米，口径 7.7 厘米，足径 8.4 厘米

1958 年河南省濮阳市濮阳县这河寨村北齐武平七年（576）李云夫妇墓出土

故宫博物院藏

＊

方唇，直口，矮直领微内斜，溜肩，椭圆形鼓腹，最大腹径在腹中部，上部器身做出覆莲瓣形，莲瓣尖部在腹中部外伸形成一周凸棱。肩部置四纵向圆形系，系面有纵向凸棱一道，应为合模制成后贴附于罐身上。白胎细腻。透明质低温青黄釉，光亮，釉面布满细碎开片。内壁满釉，外壁施釉至腹中部。口沿下凹弦纹一周，肩部双线凹弦纹两组，从两组弦纹压于系下可知其制作的先后顺序，即先划纹饰再贴附肩部纵系。肩部以下卷草纹一周，其下凹弦纹两周，腹上部用三条单线凹弦纹刻划出莲瓣装饰。领部以下肩及上腹部六条纵向绿彩条带形装饰，绿彩呈鲜艳的淡绿色。李云墓出土的这件青黄釉陶绿彩刻花四系罐为北齐瓷胎青黄釉陶器的精品，釉上绿彩装饰也与隋唐以后的白釉绿彩装饰技法一脉相承。

北齐

青黄釉陶黄绿彩钵

高 7.1 厘米，口径 22.7 厘米，底径 15.6 厘米

2015 年河北省邯郸临漳县邺城曹村窑址出土

邺城考古队存

＊

圆唇外卷，浅腹，圆平底。胎质细腻，器身施青黄釉，内外壁等
距间隔施八道纵向条状黄褐、褐绿彩。钵内满釉，装饰三周弦纹，
内底残留支钉痕。钵外施釉不到底，有流釉现象。

北齐

青黄釉陶黄绿彩弦纹盘口瓶

高 16.9 厘米，口径 5.7 厘米，足径 7 厘米

日本常盘山文库藏

*

盘形口，圆唇，侈口，上腹斜直内曲，下腹折收，有明显凸棱，短束颈，溜肩，垂鼓腹，最大腹径在下腹部，饼足外撇，外底为上凹。白胎较细。施透明质低温青黄釉，釉色浅淡，微泛青黄。内外满釉。束颈出凸棱，肩部至最大腹径处饰横向凸弦纹，最下部凸弦纹下横向凹弦纹一周。口部及腹部施加纵向条带形黄绿彩装饰，相间分布，彩釉交融，有晕散，绿彩呈淡绿色，黄彩呈褐色。满釉支烧，外底有三处长条形支钉痕。

北齐

北齐

青黄釉陶黄绿彩四系罐

高 14.6 厘米，腹径 13 厘米

日本大阪市立东洋陶瓷美术馆藏

*

方唇，直口微内斜，矮直领，圆溜肩，圆鼓腹，最大腹径在腹中部，上腹部刻出覆莲瓣纹，最大腹径处莲瓣尖部凸起形成高凸棱一周，饼足外撇，外底微上凹，肩部置四个方形横系，中间穿圆形孔。白灰胎较细。透明质低温青黄釉，光亮，布满细碎开片。内壁满釉，外壁施釉及足，外底有垂釉。口沿及外壁施加相间分布的黄绿彩纵向条带纹，彩釉相融晕散，黄彩呈淡棕褐色，绿彩呈较艳丽的浅绿色。外底有三处支钉痕。

北齐

青黄釉陶黄绿彩刻莲瓣纹四系罐

高 18.1 厘米，口径 7.5 厘米，足径 8 厘米

日本常盘山文库藏

＊

方唇，直口，矮直领内斜，圆肩，圆鼓腹，最大腹径在腹中部偏下，肩部至腹部刻双重莲瓣纹，莲瓣肩部在最大腹径处翘起，形成凸棱一周，饼足外撇，外底微上凹，肩部置四个方形系，中部穿圆孔。白胎较细。施透明质青黄釉，光亮，布满细碎开片。内壁满釉，外壁施釉及足，外底边缘有积釉。外壁口沿至最大腹径处施加纵向条带形黄绿彩装饰，绿彩呈淡绿色，黄彩呈棕褐色，彩釉交融，下腹部有彩料垂流明显。应是采用了柱形支烧具进行装烧，外底中部无釉。

北齐

青黄釉陶黄绿彩四系罐标本

残高 9 厘米，口径 4.7 厘米

2009 年河北省邯郸磁县讲武城村墓葬出土

磁州窑博物馆藏

＊

圆唇，敛口，矮直领微内斜，短颈，溜肩，鼓腹，下腹和足部缺失。肩部置四组方形
系（缺失一系），另饰两组四周弦纹，下接数道竖弦纹，下腹堆塑一周模印覆莲纹装饰。
器身施青黄釉，口沿及上腹部交替施八道黄、绿彩竖纹装饰。

北齐—隋

白釉陶贴花深腹碗

高 10 厘米，口径 11.7 厘米，足径 5.2 厘米

日本常盘山文库藏

※

尖圆唇，直口微外侈，深圆曲腹，高饼形足外撇，外底微上凹。白胎细腻。施透明质低温青黄釉，釉色浅淡，外观呈白色，微泛青黄，光亮，布满细碎开片。内外施满釉。外壁贴花装饰，口沿下联珠纹一周，其下腹部以连珠纹圈出圆形开光相间分布，开光内贴圆形凸点纹七个，圆形开光之间上下各贴一个圆形凸点纹相隔。裹足支烧，外底留有三处圆形支钉痕。

北齐

白釉陶单耳钵

高6厘米，口径9.4厘米
日本大阪市立东洋陶瓷美术馆藏

＊

方唇，侈口，浅折腹盘形口，束颈，斜溜肩，鼓腹，高饼足外撇，口沿下至肩腹相接处附一宽条形耳。白灰胎较细。内外满施化妆土，外罩透明质浅青黄色釉，器物外观呈白色，木光，有垂釉。施釉及底，外底有垂釉，饼足外剥釉。颈部宽凹弦纹两周，肩部下宽凹弦纹一周。

北齐

白釉陶绿彩瓶

高 22 厘米，口径 6.7 厘米，足径 7 厘米

1971 年河南省安阳市安阳县洪河屯村北齐武平六年（575）范粹墓出土

河南博物院藏

*

圆唇，侈口，束长颈，端肩，圆鼓腹，饼足外撇，足外削棱。白灰胎较
细。透明质低温白釉，微泛青黄，布满细碎开片。施釉及底。肩部至腹
部大片釉上绿彩装饰，彩釉交融晕散，呈较为鲜艳的绿色。

白釉陶绿彩瓶

白釉陶绿彩刻莲瓣纹四系罐

通高 29.1 厘米，罐口径 9 厘米，底径 9.8 厘米

日本常盘山文库藏

*

罐，方唇，直口，矮直领微内斜，溜肩，椭圆形鼓腹，最大径在腹中部，上腹部刻出覆莲瓣纹，莲瓣尖部在最大腹径处凸起，下腹斜曲内收，束胫，平底，肩部置四个方形系，中部穿圆孔。白胎细腻。施透明质低温白釉，微泛青，较光亮，布满细碎开片。内壁满釉，外壁施釉至腹中部，下腹及底部有明显垂釉。口沿处至腹部施加纵向条带形绿彩装饰，彩釉相融，呈淡绿色。

盖，子口内斜，盖沿下斜，弧形盖面，顶部置宝珠形纽。胎釉特征同罐身。外壁满釉，盖内无釉。

北齐

青瓷深腹碗

高 5.8 厘米，口径 8 厘米，足径 3.1 厘米

2015 年河北省邯郸临漳县邺南城遗址宫城区出土

邺城考古队存

＊

圆唇，直口，深腹，壁微鼓，饼足内凹。灰白色胎，
胎体坚致。施青釉，内满釉，底有支钉痕，外壁施釉
至腹部，釉色不均，釉厚处颜色较深。

北齐

青瓷深腹碗

高 8 厘米，口径 11.6 厘米，足径 4.8 厘米

1975 年河北省邯郸磁县东槐树村北齐武平七年（576）高润墓出土

磁州窑博物馆藏

＊

尖圆唇，直口，深腹，壁微鼓，饼足内凹。灰白色胎，胎体坚致。
施青釉，外壁施釉至下腹，釉色不均，有流釉现象。

北齐—隋代

青瓷深腹碗

高 7.6 厘米，口径 12.2 厘米，足径 5.6 厘米

邯郸市博物馆藏

*

尖唇，敞口，深腹，微圆弧壁，饼状足，足外撇，内底有四枚圆形支钉痕，胎体较薄，器形规整。内部和外壁上半部分施青黄釉，施釉斑驳不均，釉面布满细小开片，外壁下腹部及足无釉，露出灰白胎体，胎体紧密。口沿有细小磕损。

北齐—隋代

青瓷深腹碗

高 7.9 厘米，口径 13.9 厘米，底径 7.2 厘米

邯郸市博物馆藏

＊

圆唇，敛口，深腹，圆弧壁，碗壁胎体自口向底逐
渐增厚，饼状足，内底有三枚粗壮的圆形支钉痕，
器形规整。内壁及外壁上半部分施青黄色釉，釉面
稀薄，布满细碎开片，下腹部及足露出灰白色胎体。
口沿磕损。

145

北齐

青瓷深腹碗

高 7.5 厘米，口径 12 厘米，底径 6 厘米
2002 年河北省邯郸峰峰矿区临水镇三工区窑址出土
峰峰矿区文物保护中心藏

*

圆唇，口微敛，深腹，圆弧壁，饼状足，内底有三枚圆
形支钉痕。外壁口沿处饰一道弦纹，内壁和外壁上半部
分施青釉，外壁下腹部及足无釉，口沿残缺。

北齐

青瓷深腹碗

高 7.5 厘米，口径 12.5 厘米，底径 6.5 厘米

2002 年河北省邯郸峰峰矿区临水镇三工区窑址出土

峰峰矿区文物保护中心藏

＊

圆唇，口微敛，深腹，圆弧壁，饼状足，内底有三
枚圆形支钉痕。碗内外施青釉，外壁下腹部及足无
釉，口沿残缺。

北齐

青瓷深腹碗标本

高 8.4 厘米，口径 12.9 厘米，足径 6.9 厘米

2015 年河北省邯郸临漳县邺城西南窑区出土

河北省文物考古研究院藏

*

尖唇，敛口，圆曲腹，饼足外撇，足外削棱，外
底微上凹。白胎微泛灰，较细腻坚致。淡青绿色
釉，木光。内壁满釉，外壁施釉至腹部。内底存
三支钉痕。

北齐—隋

青瓷深腹碗

高 8 厘米，口径 10.8 厘米
1975 年河北省邯郸峰峰矿区新坡镇南台遗址出土
峰峰矿区文物保护中心藏

＊

尖唇，敞口，深腹，微圆弧壁，饼状足。胎体较薄，
器形规整。内部和外壁上半部分施青釉，釉面布满
细小开片，外壁下腹部及足无釉，通体施有白色化
妆土。

北齐—隋

青瓷深腹碗

高 7 厘米，口径 10.2 厘米
1985 年河北省邯郸峰峰矿区彭城镇羊角铺遗址出土
峰峰矿区文物保护中心藏

＊

尖唇，直口微敞，深腹，圆弧壁，饼状足外撇。内
部和外壁上半部分施青釉，釉面布满细小开片，外
壁下腹部及足无釉。

北齐

青瓷深腹碗

高 8 厘米，口径 10 厘米

1985 年河北省邯郸峰峰矿区彭城镇羊角铺遗址出土

峰峰矿区文物保护中心藏

＊

尖唇，直口微敞，深腹，圆弧壁，饼状足外撇。内部
和外壁上半部分施青釉，釉面布满细小开片，外壁下
腹部及足无釉。

北齐

青瓷深腹碗

高 7.8 厘米，口径 12 厘米

磁州窑博物馆藏

※

尖圆唇，直口，深腹，壁微鼓，饼足内凹。外壁
口沿处饰一道弦纹，内部和外壁上半部分施青釉，
釉色不均，有流釉现象。

北齐

青瓷深腹碗

高 7.7 厘米，口径 14 厘米，足径 7.3 厘米

2005 年河北省邯郸峰峰矿区临水遗址出土

磁州窑博物馆藏

＊

圆唇，直口，深腹，圆弧壁，饼状足。内部和外壁上半部分施青釉，外壁下腹部及足无釉，釉色不均，通体施白色化妆土。

北齐

青瓷深腹碗

高 8 厘米，口径 13.7 厘米，足径 7.4 厘米

1975 年河北省邯郸磁县东槐树村北齐武平七年（576）高润墓出土

磁州窑博物馆藏

*

圆唇，敞口，弧腹，饼足内凹。灰白胎，胎体坚致。施青釉，外壁施釉至下腹，釉面有细碎开片。

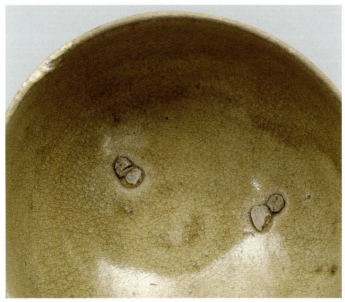

青瓷深腹碗

北齐

青瓷深腹碗

高 7 厘米，口径 12 厘米
1975 年河北省邯郸峰峰矿区新坡镇南台遗址出土
峰峰矿区文物保护中心藏

＊

圆唇，敛口，深腹，圆弧壁，饼状足。内部和外壁上半部分施青釉，釉面布满细小开片，外壁下腹部及足无釉，通体施有白色化妆土。

北齐

青瓷深腹碗

高 6 厘米，口径 10.9 厘米
1985 年河北省邯郸峰峰矿区彭城镇羊角铺遗址出土
峰峰矿区文物保护中心藏

＊

圆唇，敛口，深腹，圆弧壁，饼状足。外壁口沿处
饰一道弦纹，内部和外壁上半部分施青釉，外壁下
腹部及足无釉，釉色不均，有流釉现象，通体施有
白色化妆土。

北齐

青瓷深腹碗

高 6.2 厘米，口径 10.9 厘米
1985 年河北省邯郸峰峰矿区彭城镇羊角铺遗址出土
峰峰矿区文物保护中心藏

＊

圆唇，敛口，深腹，圆弧壁，饼状足。外壁口沿处
饰一道弦纹，内部和外壁上半部分施青釉，外壁下
腹部及足无釉，釉色不均，有流釉现象，通体施有
白色化妆土。

北齐

青瓷深腹碗

高 8.5 厘米，口径 13.6 厘米，足径 6.6 厘米
邯郸市博物馆藏

＊

圆唇，敛口，深腹，圆弧壁，碗壁胎体自口向底逐渐增厚，饼状足，内底有三枚较粗的圆形支钉痕，外底残存支烧痕迹，器形规整。内壁及外壁上半部分施浅青色釉，釉面光洁，布满细碎开片，下腹部及足露出灰白色胎体。外腹部残存一处因粘连而导致的釉面缺失痕迹。

北齐

青瓷深腹碗

高 7.5 厘米，口径 12.47 厘米

磁州窑博物馆藏

*

尖圆唇，直口，深腹，壁微鼓。外壁口沿处饰一
道弦纹，内部和外壁上半部分施青釉，外壁下腹
部及足无釉，有流釉现象，碗底缺失。

北齐

青瓷深腹碗

高 8 厘米，口径 15.7 厘米，足径 6.2 厘米

2005 年河南省濮阳市濮阳县这河寨村北齐武平七年（576）李亨墓出土

濮阳市博物馆藏

＊

圆唇，敞口，深曲腹，上腹斜直，下腹圆曲内收，饼足外撇。灰黄胎，较粗而坚致。釉下施灰白色化妆土，内壁满施，外壁施至下腹部。化妆土外罩青釉，釉色青黄，光亮，内壁满釉，外壁施釉至腹部。

北周

青瓷深腹碗

高 6.4 厘米，口径 12.5 厘米，足径 3.5 厘米

1988 年陕西省咸阳市咸阳国际机场工地北周宣政元年（578）至隋代独孤藏夫妇墓出土

陕西省考古研究院藏

﹡

尖唇，直口微内敛，深圆曲腹，小饼足外撇，足外削棱，外底上凹。白胎细腻。青釉
呈淡青绿色，光亮，布满细碎开片。内壁满釉，外壁施釉至下腹部，积釉处呈青绿色。
外壁口沿下凹弦纹一周。

北周

青瓷敛口碗

高5厘米，口径4.5厘米，足径2.6厘米
1988年陕西省咸阳市咸阳国际机场工地北周大象元年（579）至隋仁寿元年（601）尉迟运夫妇墓出土
陕西省考古研究院藏

＊

圆唇，敛口，球形鼓腹，近足处横削，高饼足微外撇，足外削棱。灰白胎较粗而坚致。青釉呈较浅的青绿色，光亮，布满细碎开片。内壁满釉，外壁施釉至腹部。外壁戳印花装饰，点状圆圈纹与花叶纹详见分布。

北周

青瓷印花盘

高 2.8 厘米，口径 11.7 厘米，底径 7.5 厘米

1988 年陕西省咸阳市咸阳国际机场工地北周宣政元年（578）至隋代独孤藏夫妇墓出土

陕西省考古研究院藏

＊

圆唇，敞口，深斜曲腹，平底上凹，内底凸起。白灰胎较细。青釉，内壁呈青黄色，外壁呈青绿色，缩釉明显，内壁釉面有较多杂质。内壁满釉，外壁施釉至近底处。内壁口沿下凹弦纹一周，内壁下部及内底印花装饰，印花区域略低于腹壁平面，形成一明显的凹槽，其内菊瓣纹一周，菊瓣尖部之间凹槽内缀凸点纹，内底凸起处菊瓣纹根部饰箭头状草叶纹一周，其内缠枝卷草纹一周，再内连珠纹一周，底心为虎食羊纹。外壁及底部修坯痕明显，外底局部粘渣。该器物可能为邢窑产品。

北齐

青瓷三系盘口瓶

高 16.2 厘米，口径 5 厘米，底径 4.7 厘米

磁州窑博物馆藏

*

厚圆唇，小盘口微外撇，束长颈，溜肩，上腹鼓，下腹斜收，平底。颈肩相接处及上腹部饰弦纹。肩部附三个三角形系。灰白胎，胎质坚硬。器表施青釉，釉面严重失光。

171

北齐

青瓷刻花六系罐

高 28.5 厘米，口径 18.5 厘米，底径 17.5 厘米

1958 年河南省濮阳市濮阳县这河寨村北齐武平七年（576）李云夫妇墓出土

河南博物院藏

*

方唇，直口，矮直领，圆溜肩，圆鼓腹，平底，肩部置六个系：两个长方形横系，由两个中间穿孔的方形系并置组成，四个双泥条形纵系。白灰胎，较细而坚致。青绿色釉，光亮，布满细碎开片，有垂釉。内壁满釉，外壁施釉至腹部。肩部各系之间刻花装饰，用圆规类工具刻圆圈组成圆圈内花瓣和圆圈外四瓣花形纹饰，肩腹相接处凸弦纹两周，其下刻鸭、树、圆圈内米字纹和斜线三角纹，形成装饰带一周，其下两周凹弦纹，腹中部两周凸弦纹。

青瓷刻花六系罐

北齐

青瓷刻莲瓣纹六系罐

高 26.5 厘米，口径 14.5 厘米，底径 7.1 厘米

安阳博物馆藏

*

方唇，直口，矮直领，溜肩，肩部置四组六个桥形系，两单系、两组复系分别相对，圆鼓腹，近底处微束，平底。灰黄胎较细，坚致。青绿色釉，较光亮，垂釉明显，满布细碎开片。内壁满釉，外壁施釉至下腹部。口部至领部无釉，应与承盖有关。肩部、下腹部凹弦纹各三条，上腹部深刻两重覆莲瓣。

青瓷刻莲瓣纹四系罐

高 24.2 厘米，口径 12 厘米，足径 11.5 厘米

2005 年河南省濮阳市濮阳县这河寨村北齐武平七年（576）李亨墓出土

濮阳市博物馆藏

＊

方唇，直口，矮领内曲，溜肩，圆鼓腹，最大腹径在腹中部略偏下，上部刻出双重覆莲瓣，莲瓣肩部在最大腹径处翘起形成凸棱，饼足外撇，足外削棱，肩部置四个双泥条形纵系。白灰胎较细，坚致。青绿色釉，较光亮，有垂釉，外壁局部可见明显缩釉痕。内壁满釉，外壁施釉至最大腹径处，凸棱处积釉呈墨绿色。肩部贴附纵系前刻两组双线凹弦纹，弦纹以下刻覆莲瓣。

北齐

青瓷罐

高20厘米，口径9.8厘米，底径7.8厘米

磁州窑博物馆藏

＊

圆唇，直口，折沿，丰肩，鼓腹，下腹渐收，平
底。器身施青釉至下腹部，釉面有开片，下部露
胎，胎呈灰白色。

青瓷罐

北周

酱釉瓷四系小罐

高 10 厘米，口径 3.8 厘米，腹径最宽处 9 厘米，足径 3.6 厘米
1988 年陕西省咸阳市咸阳国际机场工地北周宣政元年（578）至隋代独孤藏夫妇墓出土
陕西省考古研究院藏

＊

圆唇，侈口，折腹盘形口，束颈，矮领，圆溜肩，球形鼓腹，饼足较高、外撇，足外削棱，肩部置四个横向桥形系。黄灰胎较粗。酱釉呈黄褐色，木光，有缩釉。内壁满釉，外壁施釉至下腹部。肩部及上腹部凹弦纹各一周。

北齐

青瓷高足盘标本

残高 11.2 厘米，足径 11.1 厘米
2015 年河北省邯郸临漳县邺城倪辛庄窑区出土
河北省文物考古研究院藏

＊

盘身残，存盘内底及喇叭形高足。高喇叭形足，足身
较细长，足端外撇近平。白灰胎较细，坚致，青绿色
釉，光亮，布满细碎开片。内底满釉，足外施釉及足。
高足内有与其他器物口沿粘连痕迹。

东魏—北齐

筒形支具标本

高 7.9 厘米，顶径 8.5 厘米
2015 年河北省邯郸临漳县邺城倪辛庄窑区出土
河北省文物考古研究院藏

＊

支座为上小下大的空心喇叭形，座身较矮，底端外撇，
顶端附三支钉，存两处。红褐色陶胎，较坚致。支钉
及外壁上部施低温酱釉，近底处垂釉明显，釉色呈褐
色，木光，布满细碎开片。

东魏—北齐

三叉柱形支具标本

残高 9.4 厘米
2015 年河北省邯郸临漳县邺城倪辛庄窑区出土
河北省文物考古研究院藏

＊

下部残。由实心圆柱形支座及顶部的三叉形支钉相接
而成，支钉尖部均残。夹砂红褐色陶胎，较粗而坚致。
一个支钉侧壁有低温酱釉垂流痕迹。

筒形支具标本

高 9.8 厘米，底径 7.9 厘米

2015 年河北省邯郸临漳县邺城倪辛庄窑区出土

河北省文物考古研究院藏

*

支座为上小下大的空心喇叭形，座身较高，底端外撇，顶端附三支钉，存一处。红褐色陶胎，上部过烧呈黑褐色，较坚致。侧壁可见低温酱釉垂流痕迹。

东魏—北齐

筒形支具标本

残高 10.9 厘米

2015 年河北省邯郸临漳县邺城倪辛庄窑区出土

河北省文物考古研究院藏

*

支座为上小下大的空心喇叭形，座身较高，底端残失，顶端附三支钉，钉面呈长条形，存两处。红褐色陶胎，较坚致。顶部和外壁施低温酱釉，支座下部垂釉、积釉明显，过烧失光，大量鼓泡。

东魏—北齐

三叉柱形支具标本

高 18.6 厘米，底径 7.7 厘米

2015 年河北省邯郸临漳县邺城倪辛庄窑区出土

河北省文物考古研究院藏

*

由下部支座与顶部三叉形支钉相接而成，支钉顶面呈长条形，存两处，支座实心，上部为圆柱形座身，近底处外撇形成喇叭形足，外底向内挖一凹坑。夹砂红褐色陶胎，较粗而坚致。外壁有低温黄褐色釉垂流痕迹，失光。

东魏—北齐

三叉柱形支具标本

残高 11.2 厘米

2015 年河北省邯郸临漳县邺城倪辛庄窑区出土

河北省文物考古研究院藏

*

下部残。由实心圆柱形支座及顶部的高三叉形支钉
相接而成，支钉尖部呈锥形，均略残。红褐色陶胎，
较粗而坚致。上部有低温酱釉垂流痕迹，较光亮。

东魏—北齐

三叉柱形支具标本

残高 5.9 厘米

2015 年河北省邯郸临漳县邺城倪辛庄窑区出土

河北省文物考古研究院藏

*

下部残。由实心圆柱形支座及顶部的三叉形支钉相
接而成，支钉尖部呈锥形，均略残。红褐色陶胎，
较粗而坚致。

东魏—北齐

筒形支具标本

残高 10.9 厘米

2015 年河北省邯郸临漳县邺城倪辛庄窑区出土

河北省文物考古研究院藏

*

支座为上小下大的空心喇叭形，座身较高，下部残
失，顶端附三支钉，钉面呈长条形，存两处。红褐
色陶胎，较坚致。顶部和外壁施低温酱釉，较光亮。

东魏—北齐

亚腰形支具标本

高 12.8 厘米，底径 8.4 厘米
2015 年河北省邯郸临漳县邺城西南窑区出土
河北省文物考古研究院藏

*

平顶，座身中空，腹壁内曲呈亚腰形，足端外撇。
黄褐色耐火土胎，坚致。顶部及腹壁上部有酱褐
色釉垂流痕迹，下部大量粘砂。顶部粘有环形扁
泥条，并见大量粘砂。

东魏—北齐

双面三叶形支钉标本

2015 年河北省邯郸临漳县邺城西南窑区出土
河北省文物考古研究院藏

*

三叶形，双面均有支钉，一面支钉较矮，钉面呈
长条形，另一面支钉较高，钉面呈锥形。支钉较
高一面存支钉一个，顶端见低温青黄釉垂流痕，
支钉较矮一面三支钉均存，其中两个钉面有低温
青黄釉垂流痕迹，并见圆形支钉痕，应是多个支
钉组合使用残留痕迹。白灰色瓷胎，较粗而坚致。

三叉形支钉标本

高 3 厘米，宽 8.2 厘米

2015 年河北省邯郸临漳县邺城西南窑区出土

河北省文物考古研究院藏

*

三叉形，一面平，另一面支钉，钉面呈锥形。红
褐色陶胎，较坚致。钉面有低温酱釉垂流，较光
亮。钉面两个支钉内侧有两处圆形支钉痕，应为
多个支钉组合使用残留痕迹。

三叉形支钉标本

高 2.2 厘米，宽 6.4 厘米

2015 年河北省邯郸临漳县邺城西南窑区出土

河北省文物考古研究院藏

*

三叉形，一面平，另一面支钉顶部内折，钉面呈
长条形。红褐色陶胎，较坚致。钉面有低温青黄
釉垂流，较光亮，布满细碎开片。

东魏—北齐

三叉形支钉标本

高 2 厘米，宽 4.4 厘米
2015 年河北省邯郸临漳县邺城西南窑区出土
河北省文物考古研究院藏

*

三叉形，一面平，另一面支钉，钉面呈长条
形。泥质灰陶胎，疏松。钉面有低温青黄釉
垂流，较光亮，布满细碎开片。

中国磁州窑
文化大系
历代精品典藏

图版

CHINESE
CIZHOU KILN
CULTURE SYSTEM
THE EXQUISITE PORCELAIN
COLLECTION

隋代

中国磁州窑
文化大系
历代精品典藏

隋代

青瓷弦纹碗

高 5 厘米，口径 11.2 厘米，底径 4.8 厘米

2002 年河北省邯郸峰峰矿区临水镇三工区窑址出土

峰峰矿区文物保护中心藏

*

圆唇，敞口，斜腹内收，饼状足。碗内外壁都饰有弦纹，内底有三枚较
粗的圆形支钉痕，器形规整。内壁及外壁上半部分施浅淡的青釉，釉面
光洁，布满细碎开片，下腹部及足无釉。

隋代

隋代

青瓷深腹碗

高 8.8 厘米，口径 14.5 厘米，足径 5.8 厘米
2002 年河北省邯郸峰峰矿区临水镇三工区窑址出土
邯郸市博物馆藏

＊

尖唇，直口，深腹，斜直壁，近底斜收，矮饼足，足外撇，内底有三枚支钉痕，其中一个支钉残留粘连，胎体较薄，器形规整。内部和外壁上半部分施青灰色釉，外壁下部有垂釉，釉面有较好的玻璃光泽，外壁下腹部及足无釉，露出灰白色胎体，胎体紧密坚实。口沿有轻微磕损。

隋代

青瓷碗

河北省邯郸磁县贾壁窑址出土
故宫博物院藏

*

圆唇，直口，深曲腹，下腹圆收，饼足外撇，足外削棱。灰
黄胎，坚致。青绿釉，较光亮，满布开片及细小气孔，釉色
不均，内壁满釉，外壁施釉至腹部，有垂釉。外壁口沿下釉
面有粘连后剥落痕迹。

隋代

青瓷碗标本一组

河北省邯郸磁县贾壁窑址出土

故宫博物院藏

*

均为直口深曲腹饼足碗残件

①黄灰胎，青绿色釉，内底存两处支钉痕。

②黄灰胎，青黄色釉，内底存三处支钉痕。

③黄灰胎，青褐色釉，内底有大块落渣。

①

②

③

隋代

青瓷深腹碗标本

河北省邯郸磁县贾壁窑址出土
故宫博物院藏

*

失口，深曲腹，下腹圆曲，饼形足外撇，足外削
棱。灰黄胎，粗而坚致。青褐色釉，较光亮。内
壁满釉，外壁施釉至下腹部。内底大量落渣。

隋代

青瓷碗标本

河北省邯郸磁县贾壁窑址出土
故宫博物院藏

*

圆唇，敞口，斜曲腹，失足。灰白胎，坚致。青
褐色釉，光亮，满布开片，垂釉痕明显。内壁满
釉，外壁施釉至下腹部。外壁有落渣形成的铁褐
色污块。

青瓷碗标本

河北省邯郸磁县贾壁窑址出土
故宫博物院藏

*

圆唇，敞口微侈，深斜曲腹，失足。灰白胎。淡
青绿釉，较光亮，满布开片及气孔。外壁口沿下
划一浅一深凹弦纹各一周。

青瓷碗标本

河北省邯郸磁县贾壁窑址出土
故宫博物院藏

*

圆唇，敞口，斜曲腹，失足。灰白胎，坚致。淡
青绿釉，光亮，满布开片。内壁满釉，外壁施釉
至下腹部。外壁口沿下刻宽凹弦纹一周。

隋代

青瓷深腹碗标本一组

河南省安阳相州窑址出土

故宫博物院藏

※

均圆唇，直口，深曲腹，饼足外撇，足外削棱，外底微上凹。

①浅灰胎。青绿釉，较光亮，缩釉痕明显。内壁满釉，外壁施釉至下腹部。内底有三圆形支钉痕。

②黄灰胎。青黄釉，较光亮。内壁满釉，外壁施釉至下腹部。内底存三圆形支钉痕，两处较为明显。

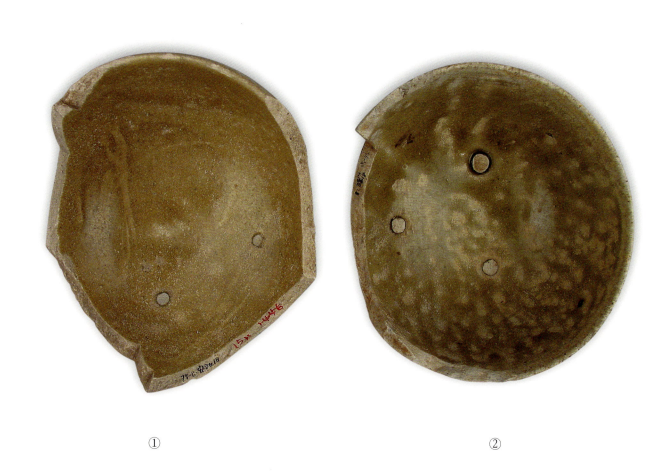

①   ②

① ②

隋代

青瓷钵标本

高 4.6 厘米，口径 10.7 厘米

2002 年河北省邯郸峰峰矿区临水镇三工区窑址出土

峰峰矿区文物保护中心藏

＊

圆唇，敞口，曲腹，小平底。白灰胎坚致。淡青釉，光亮，
布满细碎开片。内壁满釉，外壁施釉至下腹部，有垂釉。外
壁口沿下及下腹部凹弦纹各一周，内底凹弦纹一周。内底有
三圆形支钉痕，存两处。

青瓷钵标本

2002 年河北省邯郸峰峰矿区临水镇三工区窑址出土

故宫博物院藏

＊

鼓腹残片。上部贴塑泥条一周，等距斜压做出水波
纹装饰；下部刻弦纹一周，其下纵向刻划装饰。灰
白胎。青绿釉，较光亮，布满细碎开片。

隋代

青瓷钵标本

河南省安阳相州窑址出土

故宫博物院藏

*

失口，深斜曲腹，平底。灰白胎，坚致。青绿釉，光亮，满布开片及黑色污点，内壁满釉，下外壁施釉至下腹部，积釉处呈墨绿色。内壁腹地相接处浅凹弦纹一周。内底存三角形支钉痕一处。

青瓷高足盘、钵标本一组

河北省邯郸磁县贾壁窑址出土
故宫博物院藏

＊

青瓷高足盘标本
圆唇，直口，折腹，上腹斜直微内曲，下腹平收，
高足残。黄灰胎，较粗而坚致。青绿釉，较光亮，
满布开片，釉色不均。内底残存支钉痕及釉层粘
连后剥落痕迹。

① 青瓷钵标本

失口，深曲腹，圜底。灰胎，粗而坚致。青绿釉，有垂釉，布满细
碎开片。内壁双线划花装饰，腹部划水波纹，内底凹弦纹内水波纹
一周，其内凹弦纹一周。

② 青瓷钵标本

方唇，敞口，深曲腹，平底。灰白胎，坚致。淡青绿釉，布满细碎开片。
内壁双线划花装饰，内底凹弦纹内花瓣纹一周，其内凹弦纹一周。

①   ②

青瓷高足盘标本一组

河南省安阳相州窑址出土

故宫博物院藏

*

① 圆唇，敞口微侈，折腹，上腹斜直微内曲，下腹平收，下接喇叭形高足。黄灰胎，坚致。深褐绿色釉，较光亮，垂釉及缩釉痕明显。内壁满釉，外壁施釉至高足上部。内底存圆形支钉痕两处。

② 口、腹残。喇叭形高足，足端翘起。青绿釉，光亮，内壁满釉，外壁施釉至高足上部。内底存支钉痕。高足外壁粘连白色窑渣。

①

②

青瓷三环形足盘

高 8 厘米，口径 31.8 厘米

日本黑川古文化研究所藏

*

斜方唇，斜曲腹极浅，圜底，口沿下腹部置三个铺首双股圆环形足。白灰胎坚致。淡青绿色釉，光亮，布满细碎开片，釉面有较多黑色点状杂质。施釉至下腹部，环形足，足端满釉。内壁口沿下凹弦纹两周，内底刻划花装饰，中心深刻双重莲瓣团花，莲蓬划小圆圈七个表示莲子，团花外缘双线凸弦纹一周，其外划花缠枝卷云纹，再外凹弦纹两周，最外划花缠枝卷草纹一周。

青瓷三环形足盘

高 9 厘米，口径 27.8 厘米
1985 年河北省邯郸峰峰矿区彭城镇羊角铺砖厂出土
峰峰矿区文物保护中心藏

﹡

斜方唇，敞口，折腹，上腹斜直，折腹处有明显凸棱一周，下腹平折内收，小平底，下腹靠近折腹处置三圆环装铺首形足。白灰胎，较细而坚致。淡青绿色釉，光亮，有细碎开片。内壁满釉，外壁施釉至近底处。外壁下腹部双线凹弦纹两周，底部周围凹弦纹一周；内壁口沿下凹弦纹一周，内底刻划花装饰，底心双重莲瓣纹团花一朵，莲蓬处用圆圈表现莲子，团花外凹弦纹两周，其外缠枝卷草纹一周，再外凹弦纹两周，最外圈云纹一周。

隋代

青瓷高足盘

高 5.5 厘米，口径 14 厘米，足径 8.5 厘米

2002 年河北省邯郸峰峰矿区临水镇三工区窑址出土

峰峰矿区文物保护中心藏

＊

圆唇，侈口，折腹，上腹斜直，下腹平折内收，折腹处有一周明显凸棱，下接喇叭形高足，足端外撇，足端出棱，器身整体较矮。白灰胎坚致。淡青绿色釉，光亮，积釉处呈青绿色，釉面布满细碎开片。内壁满釉，外壁施釉至足上部，有垂釉。内底心凹弦纹两周。内底三处不规则支钉痕。

青瓷高足盘

高 10.6 厘米，口径 14.5 厘米，足径 9.3 厘米

濮阳市博物馆藏

*

圆唇，侈口，折腹，上腹斜直微内曲，下腹斜直内收，下接高喇叭形足，足端外撇近平，足端明显向内斜削。灰白胎，较粗而坚致。釉下施化妆土，内壁满施，外壁施至盘、足相接处，有垂流。化妆土外罩青釉，釉色青绿，光亮，布满细碎开片。内壁满釉，外壁施釉至高足上部。内底近中心处凹弦纹两周。内底有三处较大的支钉痕。

青瓷高足盘

隋代

青瓷高足盘

高11厘米，口径34厘米，足径19厘米
安阳博物馆藏

*

圆唇，敞口微外侈，折腹，上腹斜直，下腹平收，喇叭形高足，足端外
撇上翘，足外削棱。灰白胎坚致。深青绿色釉，光亮，积釉处呈深褐绿
色，外壁下腹部缩釉露胎明显。内壁满釉，外壁施釉至高足上部。内壁
釉下施白色化妆土，外壁化妆土施至折腹处，在化妆土衬托下釉色略呈
青黄色，内底可见化妆土流动不均的痕迹。内底两圈双弦纹装饰。内底
明显支烧痕，两个支钉痕一组，一圈三组，可见内外两圈。

青瓷高足盘

高 5.5 厘米，口径 14 厘米，足径 8.5 厘米

2002 年河北省邯郸峰峰矿区临水镇三工区窑址出土

峰峰矿区文物保护中心藏

＊

圆唇，侈口，折腹，上腹斜直，下腹平折内收，折腹处有一
周明显凸棱，下接喇叭形高足，足端外撇，足端出棱，器身
整体较矮。白灰胎坚致。淡青绿色釉，光亮，积釉处呈青绿
色，釉面布满细碎开片。内壁满釉，外壁施釉至足上部，有
垂釉。内底心凹弦纹两周。内底三处不规则支钉痕。

隋代

青瓷高足盘

高 6.5 厘米，口径 15.5 厘米，足径 8.5 厘米
峰峰矿区文物保护中心藏

＊

圆唇，侈口，折腹，上腹斜直内曲，下腹平折内收，折腹处有凸棱一周，盘身下接喇叭形高足，足端上卷，器身整体较矮。白灰胎，较粗而坚致。青黄釉，较光亮。内壁满釉，外壁施釉至高足中部。内底有三处圆形支钉痕。

隋代

青瓷高足盘

高 11 厘米，口径 13.5 厘米，足径 9.5 厘米

峰峰矿区文物保护中心藏

＊

尖圆唇，侈口，折腹，上腹斜直微内曲，下腹平折内收，折腹处凸棱一周，下接
高喇叭形足，足端外撇近平。白灰胎，较粗而坚致。深青灰色釉，光亮，布满细
碎开片，有缩釉。内壁满釉，外壁施釉至足上部，有垂釉。内底落渣。

隋代

青瓷碗、素烧盘组合

碗高 6 厘米—6.2 厘米，口径 8.7 厘米—9.3 厘米，足径 3.9 厘米—4 厘米

盘高 3.5 厘米，口径 33.4 厘米，足径 18 厘米

濮阳市博物馆藏

*

青瓷碗四件，圆唇，直口，深曲腹，饼足外撇。白灰胎较细。青绿釉，木光，垂釉、缩釉痕明显。内壁满釉，外壁施釉至下腹部。

素烧盘，斜方唇，斜腹极浅，饼形足。灰黄胎，较粗而坚致。内底宽凹弦纹三周。

隋代

青瓷碗盘组合

碗高 5.5 厘米，口径 9.1 厘米

盘通高 10.1 厘米，口径 31.5 厘米

1998 年河北省邯郸临漳县核桃园村隋大业九年 (613) 赵觊墓出土

邺城考古队存

*

青瓷碗，四个，出土时均置于青釉盘内，形制、大小均相同。尖唇，曲腹，小平底，中心部位微内凹。胎质青灰色。施淡青色釉，碗内施满釉，内壁有支烧时支钉痕迹，外施半釉，釉色不均匀。

青瓷高足盘，圆形浅盘状，尖圆唇，口沿微外侈，紧贴口沿内侧有一周凹弦纹。盘心稍下凹，盘底有凹弦纹两组共四道，中心凹弦纹外侧有四枚支钉烧痕迹。外侧腹壁折收处有凸棱一道，下为矮圈足。器表施豆青釉，釉色不均匀，圈足上外壁未施釉。

隋代

青瓷印花高足盘与青黄釉陶碗组合

盘通高 14 厘米，盘口径 30.7 厘米，足径 18 厘米

碗高 6.0 厘米—6.6 厘米，口径 7.7 厘米—8.6 厘米，足径 3.2 厘米—4.0 厘米

1975 年河南省安阳活水村隋开皇七年（587）韩邕墓出土

安阳博物馆藏

*

盘圆唇，侈口，折腹，上腹斜直，下腹平收，高喇叭形足，足端外撇，足外削棱。白胎较细。青绿色釉，较光亮，布满细碎开片及大量气泡，积釉处呈深褐绿色。内壁满釉，外壁施釉及足。外壁口沿下及上腹部近折沿处凹弦纹各一周，内壁口沿下弦纹一周，内底边缘凹弦纹两周，其内戳印折枝花草纹一周十三个，再内凹弦纹两周，内戳印折枝花草纹一周十二个，底心印双重莲瓣的莲花一朵，第一层莲瓣内用双 U 形纹表示花脉，莲蓬与内外以双线凹弦纹相隔，其上戳点十一个以示莲子，花芯处戳八瓣团花纹一朵。内底莲花外折枝花卉装饰区域可见七处长条形支烧痕。

碗尖唇，直口微内敛，深曲腹，饼足外撇。白胎细腻。透明质低温青黄釉，较光亮，内壁满釉，外壁施釉至下腹部，有垂釉及剥釉。个别碗内底可见三处支钉烧痕。

隋代

青瓷碗、素烧盘组合

碗高 5.8 厘米— 6.2 厘米，口径 10.6 厘米— 11.1 厘米，足径 4.6 厘米— 5.4 厘米

盘高 3.2 厘米，口径 33.7 厘米，足径 15.7 厘米

河南省安阳小屯南地 73M6 出土

中国社会科学院考古研究所安阳工作站藏

*

青瓷碗六件，圆唇，直口，深曲腹，饼足外撇，足外削棱。白灰胎较细。淡青釉，微泛黄，光亮，布满细碎开片。内壁满釉，外壁施釉至下腹部，釉层边缘修刮整齐。内底有三处圆形支钉痕。

素烧盘，斜方唇，斜腹极浅，宽圈足很矮。灰黄胎，较粗而坚致。内底宽弦纹两周。内底有六处明显的圈足置放痕迹，颜色略浅于周围，应是碗直接置放于盘面一起烧造所留痕迹。

白瓷碗、青瓷高足盘组合

①大碗高 9 厘米，口径 11.7 厘米，足径 4.8 厘米

②小碗高 8.4 厘米—8.7 厘米，口径 6.8 厘米—7 厘米，足径 3.4 厘米—3.5 厘米

③高足盘高 11.8 厘米，口径 30.2 厘米，足径 16.7 厘米

河南省安阳小屯北地 73M1 出土

中国社会科学院考古研究所安阳工作站藏

＊

白瓷碗一共六件，一件稍大，五件略小，造型基本相同，尖唇，侈口，深曲腹，饼足。白胎细腻。白釉微泛青，光亮，布满细碎开片，施釉至下腹部。外底有明显的支钉痕。

青瓷高足盘，圆唇，侈口，折腹，上腹斜直，下腹平折内收，折腹处有明显凸棱，下接高喇叭形足，足端外撇，足外削棱。白灰胎较细。青釉泛黄，光亮。内壁满釉，外壁施釉及底，有垂釉。内底装饰两组双线凹弦纹。内底有六个不规则支钉痕，两两一组，一圈三组，内外两圈。

白瓷碗、青瓷高足盘与四系盖罐组合

碗高 6.4 厘米—6.7 厘米，口径 8 厘米—8.6 厘米，足径 3.4 厘米—3.8 厘米

高足盘高 10.5 厘米，口径 30.8 厘米，足径 15 厘米

盖罐通高 19.6 厘米—20.2 厘米，罐高 17 厘米—17.3 厘米，口径 6.5 厘米—6.9 厘米，腹径 15.4 厘米—15.7 厘米，
　　足径 7.1 厘米—7.2 厘米

盖高 3.2 厘米—3.4 厘米，纽高 0.5 厘米—0.9 厘米，口径 4.7 厘米—5.6 厘米

盖径 8.4 厘米—8.7 厘米

河南省安阳小屯南地 73M18 出土

中国社会科学院考古研究所安阳工作站藏

*

白瓷碗八件，造型基本相同，尖唇，直口，深曲腹，饼足外撇。白胎较细。白釉微泛青灰色，光亮，布满细碎开片。内壁满釉，外壁施釉至下腹部。

青瓷高足盘，圆唇，侈口，折腹，上腹竖直微外曲，下腹平折内收，下接高喇叭形足。白灰胎较细。青釉泛黄，较光亮。内壁满釉，外壁施釉及底。内底装饰两组双线凹弦纹。内底有六个不规则支钉痕，两两一组，一圈三组，内外两圈。

四系盖罐四件，罐身方唇，直口，矮直领微内斜，溜肩，椭圆形鼓腹，最大腹径在腹中部，最大腹径处凸棱一周，下腹斜曲内收，饼足外撇，足外削棱，肩部置四个双泥条形纵系。白灰胎，较粗而坚致。青釉泛黄，较光亮，布满细碎开片。内壁满釉，外壁施釉至腹中部。釉下施白色化妆土，个别器物下腹露胎处可见化妆土垂流痕迹。

盖矮子口，盖面斜直，顶部置圆饼形纽。胎釉特征与罐身相同，盖面满釉，盖内无釉。

青瓷兽面双系扁壶

高 11 厘米，口径 3 厘米，底长 5.5 厘米，底宽 3.8 厘米

邯郸市博物馆藏

*

直口，平沿，肩两侧穿圆孔塑出一对外耸的桥形系，扁圆形腹，
圈足。器身上印凸点勾出一圆圈，圈内塑一兽面，阔鼻大口，狰
狞威严。灰白胎，施青釉近足，釉面有细碎开片。

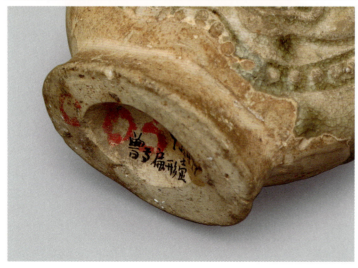

229

青瓷弦纹盘口垂腹瓶

高 25.6 厘米，口径 6.2 厘米，足径 7.3 厘米

邯郸市博物馆藏

＊

盘口，盘口外敞，束颈、斜肩，垂腹，饼状足，足底内凹，颈部、肩部及腹部饰两周弦纹，器形规整。口部及上腹部施浅青色釉，釉面稀薄，颜色不均，布满细碎开片，下腹部及足露出浅灰褐色胎体，胎体紧密坚实。口部残缺 1/3，补配修复。

隋代

青瓷四系盖罐

通高 18 厘米，罐高 17.5 厘米，口径 6.5 厘米，腹径 14 厘米，足径 6.6 厘米

盖高 2 厘米，直径 7.5 厘米

磁州窑博物馆藏

＊

罐圆唇，直口，短颈，圆肩，肩颈处贴塑四个双泥条形系，椭圆形长腹，腹中部有一周凸弦纹，饼足外撇。罐盖斜面，盖顶有一扁圆形纽。器身上半部施青釉，釉面有开片，下部露胎，胎呈灰白色。

233

隋代

青瓷四系盖罐

通高 21.7 厘米，罐口径 6.7 厘米，足径 6.6 厘米

盖高 4 厘米，径 7.98 厘米

安阳博物馆藏

*

罐方唇，直口，矮直领微内斜，溜肩，鼓腹，最大腹径在腹中部，最大腹径处凸棱一周，下腹斜曲内收，饼足外撇，足外削棱，肩部置四个双泥条形纵系。白灰胎较细，坚致。青绿色釉，光亮，布满细碎开片，可见较多黑褐色杂质。内壁满釉，外壁施釉至腹中部。釉下施白色化妆土，外壁下腹部露胎处可见化妆土垂流痕迹。肩部双线凹弦纹一周。外底大量粘渣，应是器物直接置于窑床上烧成所留。

盖圆唇，直口，平沿，盖面斜直，顶部出台，顶部中心置矮宝珠形纽。白灰胎较细，坚致。青绿色釉，较光亮。外壁满釉，内壁无釉。釉下未施化妆土。

隋代

青瓷四系盖罐

通高 20 厘米，罐口径 7 厘米，足径 7.6 厘米

盖高 2.54 厘米，盖径 7.02 厘米

1970 年河南省安阳针织厂出土

安阳博物馆藏

＊

罐方唇，直口，矮直领微内斜，溜肩，鼓腹，最大腹径在腹中部，最大腹径处凸棱一周，下腹斜曲内收，饼足外撇，足外削棱，肩部置四个双泥条形纵系。白灰胎较细，坚致。青绿釉，光亮，满布细碎开片。内壁满釉，外壁施釉至腹中部。釉下施白色化妆土。罐身肩部及上腹部双线凹弦纹各一周。外底边缘一周粘渣痕。

盖方唇，矮子口，平沿，平顶微隆起，顶置圆形纽。白灰胎较细，坚致。青绿釉，光亮，满布细碎开片，沿下有垂釉。盖面满釉，盖内无釉。釉下施白色化妆土。

青瓷四系盖罐

高 28 厘米 , 罐口径 9.5 厘米, 足径 10 厘米
1994 年河北省邯郸峰峰矿区王看镇下脑村出土
峰峰矿区文物保护中心藏

＊

罐圆唇，直口，直领较高，溜肩，鼓腹，饼足外撇，足外削棱，肩部置四个双泥条形纵系。黄灰胎，较粗而坚致。深褐绿色釉，木光，垂釉、缩釉痕明显。内壁满釉，外壁施釉至腹中部。外壁口沿下凹弦纹三周，直领根部凸弦纹一周，四系下端腹部凸棱一周，凸棱以上作凸弦纹一周，腹中部凸棱一周。

盖方唇，直口，平沿，盖面隆起，出两层矮台，顶部置矮宝珠形纽。黄灰胎，较粗而坚致。深褐绿色釉，木光，缩釉痕明显。盖面满釉，盖内无釉。

青瓷四系罐

高 16.3 厘米，口径 6.2 厘米，足径 6.3 厘米
1978 年河南省安阳大司空村出土
安阳博物馆藏

*

方唇，直口为内斜，矮直领，圆溜肩，鼓腹，最大腹径在腹中部偏上，最大腹径
处凸棱一周，下腹斜曲内收，高饼形足外撇，足外削棱，肩部置四个双泥条形纵
系。白灰胎较细，坚致。青绿釉，光亮，布满细碎开片，内壁满釉，外壁施釉至
腹中部，下部边缘修刮整齐。釉下施白色化妆土，化妆土施至腹中部，下缘修刮
整齐且未超过釉层边线，使化妆土处釉色更浅淡，呈淡青绿色，与未施化妆土处
釉色形成明显的釉色差别。肩部饰双线凹弦纹两周。腹壁有两处粘连痕迹。

241
— 隋代 —

隋代

青瓷四系罐

高 17.1 厘米，口径 6.9 厘米，足径 7.1 厘米

濮阳市博物馆藏

*

方唇，直口，矮直领内斜，端肩，长鼓腹，最大腹径在腹中
部，最大腹径处凸棱一周，饼足外撇，足外削棱，肩部置四
个双泥条形纵系。白灰胎较细，坚致。青釉光亮，釉色青黄。
内壁满釉，外壁施釉至腹中部凸棱以下。肩部及腹上部双线
凹弦纹各一组。

青瓷四系罐

高 20 厘米，口径 8 厘米，足径 8.5 厘米
1985 年河北省邯郸峰峰矿区彭城镇羊角铺遗址出土
峰峰矿区文物保护中心藏

*

圆唇，直口，矮直领微内斜，溜肩，鼓腹，上、下腹较斜曲，最大腹径在腹中部，最大腹径处凸棱一周，饼足外撇，足外削棱，肩部置四个双泥条形纵系。白灰胎坚致。青绿釉，光亮，布满开片。内壁满釉，外壁施釉至最大腹径处。外底有支烧痕。外底心胎体烧造时产生窑裂，外壁下腹部有爨烟过烧痕迹。

隋代

青瓷四系罐

高 33 厘米，口径 11 厘米，足径 13 厘米

磁州窑博物馆藏

＊

罐圆唇，直口，短颈，丰肩，肩部的四个双泥条形系已缺失
一系，系下有两周凸弦纹，腹部的凸弦纹局部已脱落，长鼓
腹，饼足外撇。素面。器身上半部施青釉，釉面有细碎开片，
下部露胎，胎呈灰白色。

青瓷四系罐

高 20.5 厘米，口径 9 厘米，足径 9.5 厘米

1985 年河北省邯郸峰峰矿区彭城镇羊角铺遗址出土

峰峰矿区文物保护中心藏

＊

方唇，直口，矮直领微内斜，溜肩，长椭圆形鼓腹，
饼足外撇，足外削棱，肩部置四个双泥条形纵系。白
灰胎坚致。青黄釉，光亮，布满细碎开片，肩部有缩
釉痕。内壁满釉，外壁施釉至下腹部。上下腹部各有
一周凹弦纹装饰，较不规整。外底粘渣。

隋代

青瓷三系罐

高 27.8 厘米，口径 8.8 厘米，足径 10.3 厘米

邯郸市博物馆藏

*

素面，方唇，直口，丰肩，肩部置三个双泥条形纵系，长圆
腹，下腹斜收，饼状足，足外撇，胎体厚重，器形规整。外
壁口至下腹施青黄色釉，釉面布满细小开片，下腹及足露出
灰白色胎体，胎体紧实，外壁胎体和釉之间有化妆土痕迹。
口及系有残损，补配修复。

青瓷三系罐

高 29 厘米，口径 8 厘米，足径 10.3 厘米

邯郸市博物馆藏

*

方唇，直口，丰肩，肩部置三个双泥条形纵系，长圆腹，下腹斜
收，饼状足，胎体厚重，器形规整。外壁口至中腹部施深青灰色
釉，釉面布满细小开片，下腹及足露出灰白色胎体，胎体紧实。
口及一系有残损，补配修复，腹部通体残裂，粘接修复。

隋代

青瓷三系罐

高 13.5 厘米，口径 5.7 厘米，足径 6 厘米

安阳博物馆藏

*

方唇，直口，矮直领微内斜，溜肩，腹部，最大腹径在腹上部，饼足外撇，足外削棱，肩部置三个双泥条形纵系。黄灰胎，粗而坚致。青绿釉，光亮，布满细碎开片。内壁满釉，外壁施釉至腹部，垂釉明显。釉下施白色化妆土，使釉色略呈青黄色。外底粘渣。

青瓷双系罐

高 21.5 厘米，口径 7 厘米，足径 8 厘米

邯郸市博物馆藏

*

尖唇，小口，卷沿，直颈，丰肩，肩部有双系，系由较粗双泥条组成，鼓腹，下腹斜收至底，矮饼状足，胎体厚重，器形规整。内壁及外壁中腹部施青黄釉，釉面薄厚不均，下腹部流釉处呈黄褐色，釉面布满细小开片，下腹及足露出灰褐色胎体，胎体紧实，胎体及釉层中间施有白色化妆土。口沿及腹部磕损。

青瓷束颈鼓腹罐

高 20.5 厘米，口径 12.5 厘米，底径 9.8 厘米

邯郸市博物馆藏

＊

圆唇，撇口，卷沿，束颈，丰肩，圆鼓腹，下腹斜收至底，大平底，胎体厚重，器形规整。内壁及外壁中腹部施青灰色釉，釉色薄厚不均，有褐色斑点，釉面布满细小开片，下腹及足露出灰白色胎体，胎体紧实。腹部两处窑粘，口沿有残损，补配修复。

隋代

青瓷罐标本

河北省邯郸磁县贾壁窑址出土

故宫博物院藏

*

罐肩腹部残件。圆溜肩，鼓腹。肩部置纵系，存两处。灰白胎，坚致。淡青
绿釉，垂釉明显，外壁施釉至下腹部。

隋代

青瓷器盖

河南省安阳相州窑址出土
故宫博物院藏

＊

矮子口，平直盖面，顶部中心置圆形纽。灰白胎。淡青绿釉，积釉处呈青绿色，满布细碎开片。

隋代

青瓷器盖

河南省安阳相州窑址出土
故宫博物院藏

＊

矮子口，平直盖面，顶部下凹，中心置圆形纽。灰白胎。淡青绿釉，积釉处成青绿色，布满细碎开片。

隋代

青瓷辟雍砚

高 5 厘米，直径 10.5 厘米

1975 年河南省安阳活水村隋开皇七年（587）韩邕墓出土

安阳博物馆藏

*

由砚身与蹄形足相接而成。砚身直口，直壁，中部出台外凸，底部隆起
成砚面，砚面与砚身口部平齐，砚面外缘修整成明显折棱，其外为凹槽
形砚池。砚身外壁下部出土处贴附蹄形足十五个，蹄足两端宽、中间细，
呈束腰状，束腰处凸弦纹一周装饰。灰胎较细，杂质较多，青绿釉，砚
身外壁及蹄足满釉，内壁及外底无釉。

隋代

青瓷仓

高 24 厘米，口径 8.5 厘米，底径 20.4 厘米
安阳博物馆藏

﹡

由仓身和底座组成。仓身呈上小下大的筒形，方唇，敛口，直壁微外曲，近底处微内收。仓身下接底座，座宽方唇，直口，斜直壁外斜，壁中部下削一周并打出长方形孔洞，形成镂空装饰，腹壁下削使口沿及底端形成出台的效果，内底下凹以承仓身，外底微上凹。仓身外壁口沿以下至底座上部施青釉，釉下施白色化妆土，釉色青黄，光亮。底座底端存一处椭圆形支烧粘连痕迹。这类仓有与之相配的锥形仓盖，已残失。

黄釉瓷胡人灯

高 20.5 厘米，口径 12.5 厘米，底径 9.8 厘米

邯郸市博物馆藏

*

整体分上、下两部分。上部灯台为碗形，宽平沿，深腹斜收，平底，饼状足，灯台内底及口沿有支钉痕迹；下部灯擎为模印胡人力士形象，力士双目及腹部突出，孔武有力，有明显的胡人特征。力士蹲坐于莲座之上，双手平举，托举灯台，莲座为模印覆莲纹，平底。灯台及灯擎满施青黄釉，釉面布满细小开片，底露出青灰色胎体，胎体紧实，造型规整。灯擎模印的力士及莲座凸出部位釉面磨损严重，灯台口沿残损，补配修复。

267

隋代

白瓷深腹碗

高 6.9 厘米，口径 11.1 厘米，足径 4.7 厘米

邯郸市博物馆藏

尖唇，敞口，深腹，微圆弧壁，饼状足，足外撇，内底有三枚圆形支钉痕，胎体较薄，器形规整。内部和外壁上半部分施透明釉，釉面光洁，釉色均匀，釉面布满细小开片，外壁下腹部及足无釉，通体施有白色化妆土。口沿有细小磕损，有浅冲，内外壁均有磨损痕迹，伴有落砂。

白瓷敛口钵

高 11.1 厘米，口径 12.8 厘米，底径 4.6 厘米

2020 年河南省安阳隋开皇十五年（595）、开皇十八年（598）麹庆夫妇墓出土

安阳市文物考古研究院藏

＊

方唇，敛口，鼓腹，下腹斜曲，最大腹径在上腹部，小平底。白胎细腻。白釉泛青，光亮，布满细碎开片。内壁满釉，有明显的垂釉和缩釉痕，外壁施釉至下腹部。外壁刻划双线凹弦纹，自口至底共六组。

白瓷带托高足杯

高 6.9 厘米，口径 5.1 厘米，盘径 8.4 厘米，足径 4 厘米

2020 年河南省安阳隋开皇十五年（595）、开皇十八年（598）麴庆夫妇墓出土

安阳市文物考古研究院藏

*

由高足杯与高足盘形杯托相接而成。杯圆唇，侈口，深曲腹，喇叭形高足，下接高足盘形托内底。盘形托圆唇，敞口，斜曲腹，平底，下接喇叭形实心高足，足端外撇，足外削棱，足底上凹。白灰胎较细。白釉泛青，光亮，布满细碎开片，积釉处呈青绿色。内壁满釉，外壁施釉至托足上部。

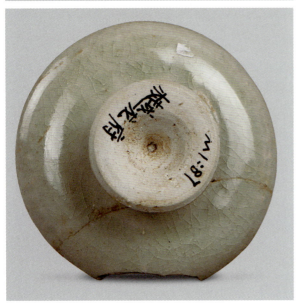

白瓷高足盘

高 11 厘米，口径 11.5 厘米

2020 年河南省安阳隋开皇十五年（595）、开皇十八年（598）麹庆夫妇墓出土

安阳市文物考古研究院藏

＊

尖圆唇，敞口，折腹，上腹斜直微内曲，下腹平收，盘身下接高喇叭形足，足端外撇微上翘，足外明显削棱。白胎细腻。白釉泛青，光亮，积釉处呈淡青绿色，布满细碎开片。内壁满釉，外壁施釉至足上部。内壁有缩釉痕，外壁下腹部垂釉痕明显，且可见较多气孔。高足内与推测为碗类器物的瓷片粘连，瓷片周围可见泥条形支烧具。

白瓷三足炉

高 12.8 厘米，口径 32.4 厘米，底径 18 厘米

2020 年河南省安阳隋开皇十五年（595）、开皇十八年（598）麹庆夫妇墓出土

安阳市文物考古研究院藏

*

圆唇，侈口微竖，束颈，圆鼓腹，圜底近平。腹上部对置双股方形竖耳，存一耳，下腹部接三蹄形足，足端均残。白灰胎较细。白釉明显泛青，满布细碎开片，有垂釉及缩釉痕，内底积釉明显，积釉处呈较深的青绿色。内壁满釉，外壁施釉至近底处。下腹部贴塑环形铺首装饰三组，与三足相间排列。

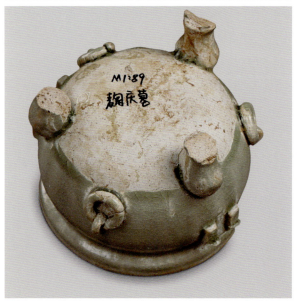

隋代

白瓷唾壶

壶高 14 厘米，口径 9.4 厘米，足径 12 厘米；盖高 2.6 厘米，直径 7 厘米

1988 年陕西省咸阳市咸阳国际机场工地北周宣政元年（578）至隋代独孤藏夫妇墓出土

陕西省考古研究院藏

*

壶身圆唇，敞口，折腹盘形口，束颈，扁垂腹，饼足外撇，足外削棱。白灰胎细腻，白釉泛青，光亮，施釉及足。外底划宽弦纹一周。

塞形壶盖，盖沿上斜，近边缘处外折出台，盖面下凹，中心置高宝珠形纽。白灰胎细腻。白釉泛青黄，光亮，盖面满釉，盖内施釉至盖沿下方。

白瓷贴花壶

高 17.8 厘米，口径 8 厘米，足径 7 厘米

2020 年河南省安阳隋开皇十五年（595）、开皇十八年（598）麴庆夫妇墓出土

安阳市文物考古研究院藏

*

圆唇，大侈口，长颈，扁圆腹，下接喇叭形高足，足端外撇，足外削棱。白灰胎细腻。白釉泛青光亮，布满细碎开片。内壁满釉，外壁施釉至喇叭形足中部，釉层边缘修刮整齐。腹部贴塑四个圆形团花纹装饰，等距分布，团花呈多瓣花形，花蕊高隆呈螺旋形。

隋代

白瓷贴花壶

高 17.3 厘米，口径 8 厘米，足径 7 厘米

2020 年河南省安阳隋开皇十五年（595）、开皇十八年（598）鞠庆夫妇墓出土

安阳市文物考古研究院藏

*

圆唇，大侈口，长颈，扁圆腹，下接喇叭形高足，足端外撇，足外削棱。白灰胎细腻。白釉泛青光亮，布满细碎开片。内壁满釉，外壁施釉至喇叭形足上部，釉层边缘修刮整齐。腹部贴塑四个圆环形铺首装饰，等距分布。

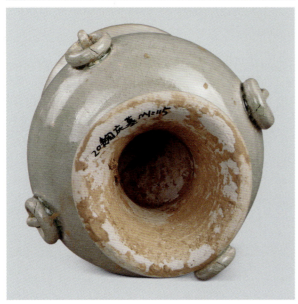

白瓷贴花壶

隋代

白瓷熏炉

高 6.2 厘米，口径 6.2 厘米，底径 6.2 厘米
1988 年陕西省咸阳市咸阳国际机场工地北周大象元年（579）至隋仁寿元年（601）尉迟运夫妇墓出土
陕西省考古研究院藏

*

笼形。尖唇，敛口近平，端肩，直腹微鼓，近底处凸棱两周，宽圈足很矮，挖足极浅，腹上部等距分布
三个直棱窗形镂空。白胎细腻。白釉微泛青，光亮，布满细碎开片。内壁施釉至上腹部，外壁施釉及底。
镂空上、下凹弦纹各两周，镂空两边纵向凹弦纹各一条。

隋代

白瓷瓶

残高 21 厘米，底径 7.5 厘米

1988 年陕西省咸阳市咸阳国际机场工地北周大象元年（579）至隋仁寿元年（601）尉迟运夫妇墓出土

陕西省考古研究院藏

＊

失口，长颈，端肩，鼓腹，最大腹径在腹上部，下腹斜曲内收，平底。白胎细腻。白釉微泛青，光亮，布满细碎开片。施釉及底。肩部与颈部相接处凸弦纹一周。

白瓷瓶

287
— 隋代 —

隋代

白瓷四系罐

高 30.7 厘米，口径 14.2 厘米，足径 13.4 厘米

日本山口县立萩美术馆·浦上纪念馆藏

*

方唇，直口，矮直领，溜肩，圆鼓腹，饼足，肩部置四个双泥条形纵系。白胎较细。白釉泛青，局部窑变泛蓝色，较光亮，有明显垂釉痕。内壁满釉，外壁施釉及足，外底有垂釉。肩部置系前贴附上下并排泥条两周，泥条上斜压出细密凹痕，纵系下端压于贴附纹之上，下腹部凸棱一周。外底有三个细长支钉痕。推测为隋代安阳相州窑产品。

隋代

白瓷罐

高 21.1 厘米，口径 9.9 厘米，底径 7.9 厘米

2020 年河南省安阳隋开皇十五年（595）、开皇十八年（598）鞠庆夫妇墓出土

安阳市文物考古研究院藏

*

圆唇，侈口，矮领微束，圆溜肩，鼓腹，平底微上凹。白灰胎细腻。白釉泛灰青，
光亮，布满细碎开片，积釉处呈青绿色。内壁满釉，外壁施釉至下腹部。

隋代

白瓷罐

高 20.6 厘米，口径 7.2 厘米，底径 7.7 厘米

2020 年河南省安阳隋开皇十五年（595）、开皇十八年（598）麹庆夫妇墓出土

安阳市文物考古研究院藏

＊

圆唇，侈口外卷，矮领，圆溜肩，鼓腹，最大腹径在腹上部，下腹斜曲内收，束
胫，平底。白胎细腻。白釉泛灰青，木光，缩釉明显。内壁满釉，外壁施釉及足。
肩部、腹上部与腹中部各划双线凹弦纹一组。外底边缘有四处等距分布的支钉痕。

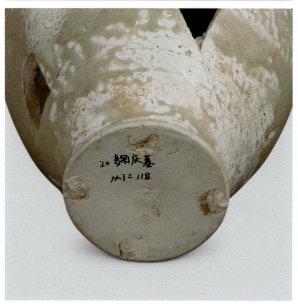

白瓷器盖

残高 6.5 厘米，口径 6 厘米，盖径 11.9 厘米

2020 年河南省安阳隋开皇十五年（595）、开皇十八年（598）麹庆夫妇墓出土

安阳市文物考古研究院藏

＊

方唇，高子口微内斜，盖沿下斜，弧形盖面，顶部平，顶中部出台隆起，中心置宝珠形纽。白胎细腻。白釉泛青，光亮，积釉处呈青绿色。盖面施釉，盖内无釉。

隋代

白瓷烛台

通高 21.8 厘米，盘形底座口径 15.8 厘米，足径 8.3 厘米

2020 年河南省安阳隋开皇十五年（595）、开皇十八年（598）麹庆夫妇墓出土

安阳市文物考古研究院藏

*

由竹节形灯柱与高足盘形底座相接而成。灯柱顶部为宝珠形，柱身呈凹凸棱相间的竹节形，上细下粗，柱身近顶部及近底部分别贴附四个双泥条环形烛孔。灯柱下接覆盆形莲花底座，底座下部接于高足盘形底座内底心。高足盘形底座圆唇，敞口，折腹，下接喇叭形高足。白灰胎较细。白釉泛灰青，光亮，缩釉痕明显。施釉至高足上部。

整器宝珠形顶、竹节形柱身、环形烛孔、覆盆形莲花底座、高足盘形底座盘身与高足分别制作后多个部位胎接而成，后施釉。灯柱下端与莲花底座相接处划三道凹弦纹，莲花底座花瓣内刻划 U 形以表示重瓣。

隋代

白瓷履

长 9.3 厘米，宽 7.1 厘米，高 5.7 厘米，深 2.1 厘米
2020 年河南省安阳隋开皇十五年（595）、开皇十八年（598）麴庆夫妇墓出土
安阳市文物考古研究院藏

*

圆头履形。鞋身略呈椭圆形，半圆形鞋头翘起，平底，鞋底与鞋身单独制作后粘接，外壁可见交界处凹棱，内壁可见接缝。白灰胎细腻。白釉泛青，光亮，积釉处呈淡青绿色，布满细碎开片。外壁施釉及底，内壁施釉至鞋沿下方，有垂釉。

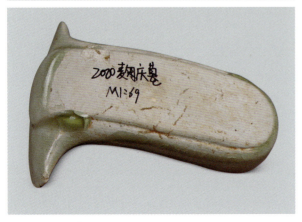

白瓷鐎斗

高 7 厘米，口径 7.8 厘米，底径 4.4 厘米，流长 1 厘米，柄长 3.2 厘米

2020 年河南省安阳隋开皇十五年（595）、开皇十八年（598）鞠庆夫妇墓出土

安阳市文物考古研究院藏

*

方唇，折沿，深斜直腹，腹上部向内折形成上下重腹，平底。上腹口沿下一侧置半管形短直流，腹壁穿圆孔与流连通，短流斜直上翘，与流呈 90° 角口。沿下腹壁置长直柄，柄端呈椭圆形，穿长方形孔。下腹部近底处置三蹄形足，两足保存完好，一足残至近根处。整器由炉身、流、柄、足分别制作后胎接而成，后施釉。白灰胎细腻。白釉泛青绿色，光亮，布满细碎开片，内壁满釉，外壁施釉至足上部。足下部近足端处刻凹弦纹一周，使足呈马蹄形。

白瓷舍利匣模型

通高 6 厘米，直径 5.2 厘米，柱身高 4.2 厘米
2020 年河南省安阳隋开皇十五年（595）、开皇十八年（598）鞠庆夫妇墓出土
安阳市文物考古研究院藏

＊

由器身与上部的纽组成。器身呈圆柱形，顶部近中心处隆起出台，台中心置宝珠形纽，器身底部内凹形成一个小孔。白胎较细。白釉泛灰青，较光亮，布满细碎开片。施釉及底，有垂釉，底部无釉。柱身顶部近边缘处划凹弦纹一周，器身侧壁凹弦纹四周，大致等距分布。相同的素烧或施釉器物常见于安阳地区隋墓，其造型与出土的同时期铜舍利匣基本相同，应是这一佛教仪轨用器的模型。

隋代

白瓷围棋盘

高 4 厘米，边长 10 厘米
1959 年河南省安阳隋开皇十五年（595）张盛夫妇墓出土
河南博物院藏

*

平面呈正方形，下接四方座承托，四边有类似壶门形镂空
装饰。盘面纵横各 19 道，构成 361 目，四角星位和中央星
位各一个小黑点，形成"五星"，与今日棋盘相同。白灰胎，
较细而坚致。白釉泛灰，木光。

白瓷武士俑

高 64 厘米

1959 年河南省安阳隋开皇十五年（595）张盛夫妇墓出土

河南博物院藏

＊

怒目蹙眉，头戴风帽，上身内着窄袖衣，下穿大口裤，外披甲胄，胸前两圆护，
腰间束革带，肩加披膊，足蹬靴，立于圆形覆莲座上，左手前伸，握拳执物，右
手握腰带。白胎泛灰黄，坚致。白釉微泛灰黄，木光。

白釉黑彩瓷门吏俑

高 72 厘米

1959 年河南省安阳隋开皇十五年（595）张盛夫妇墓出土

河南博物院藏

*

头戴平巾帻，头微颔，面相丰满，蹙眉垂目，上身内着广袖褶服，外罩裲裆衫，腰间扎带，下穿大口裤，足蹬圆头履，双手按剑，立于圆形覆莲座之上。白胎泛灰黄，坚致。白釉微泛灰黄。帻、发、眉、须、眼、裲裆衫之系带、履头及剑鞘以釉上黑彩装饰。

隋代

白釉黑彩瓷镇墓兽

高 50 厘米

1959 年河南省安阳隋开皇十五年（595）张盛夫妇墓出土

河南博物院藏

＊

狮面兽身，双目圆睁，张口龇牙，头顶羚羊角，双鬓及下颌鬃毛卷曲，
兽身蹲踞坐于方形底座之上，后颈出双戟，背部鬃毛竖起。白胎泛灰
黄，坚致。白釉微泛灰青，光亮。眼、鼻、四肢关节点釉上黑彩装饰。

本卷的编纂旨在展示北朝至隋代这一北方陶瓷手工业发展与革新的关键时期内，作为北方陶瓷业手工业中心的冀南豫北地区陶瓷器的生产面貌，意在追索磁州窑创烧和兴起的区域背景和技术基础。

本卷共收录这一时期冀南豫北地区生产或出土的低温铅釉陶、青瓷、黑瓷、白瓷等品种的器物 197 件（组）。在标本选取时，优先选择时代明确的出土遗物，包括墓葬、塔基、城址出土复原程度较高的器物以及代表性的窑址发掘、调查出土标本，同时补充国内外博物馆藏的精品文物，力求全面、准确地反映北朝至隋代区域窑业发展情况和产品概貌。

在资料搜集、图片拍摄过程中，得到各相关文物收藏或保管单位的大力支持。中国社会科学院考古研究所、故宫博物院、河北博物院、河北省文物考古研究院、陕西省考古研究院、河南博物院、安阳市文物考古研究院、安阳博物馆、濮阳市博物馆及日本大阪市立东洋陶瓷美术馆、山口县立萩美术馆·浦上纪念馆、黑川古文化研究所、常盘山文库等科研单位或学术机构收藏或保管的文物照片由各单位提供，邯郸市博物馆、磁州窑博物馆收藏的文物照片由河北美术出版社组织拍摄。在与各文物收藏或保管单位协调沟通过程中，中共河北省委宣传部、河北省文化和旅游厅、河北省文物局予以大力支持和帮助，具体工作由河北美术出版社同仁负责。在此向以上单位和相关个人致以谢意。

本卷器物编排的顺序遵循以下原则。先依照时代分为东魏、北齐、隋三个时期，每个时期内器物及标本按品种分为釉陶、青瓷、黑瓷、白瓷等类别，每个类别下依碗、钵、盘等器类排列。器物描述撰写由张美芳、李鑫共同完成。需要说明的是，基于对全书体例的统一性以及在编纂中尽量呈现出最新的研究成果这两方面的考虑，本卷对器物定名与描述不完全按照发掘者或收藏单位对器物的命名与描述方式。几件东魏北齐时期的青瓷器，推断是输入本地的岳州窑青瓷，而非本地所产，但因为其能更直观地反映这一时期南方青瓷产品及技术的输入对冀南豫北地区陶瓷手工业的影响，亦收入本卷。另本卷收录的个别器物因某些原因尺寸缺失，特此说明。

本卷在编纂过程中得到总主编秦大树教授的指导，在器物选取和词条撰写过程中也得到相关文物调查、发掘和收藏单位业务同志的建议和帮助，谨致谢忱。